NE 능률

기본 연산
Check-Book

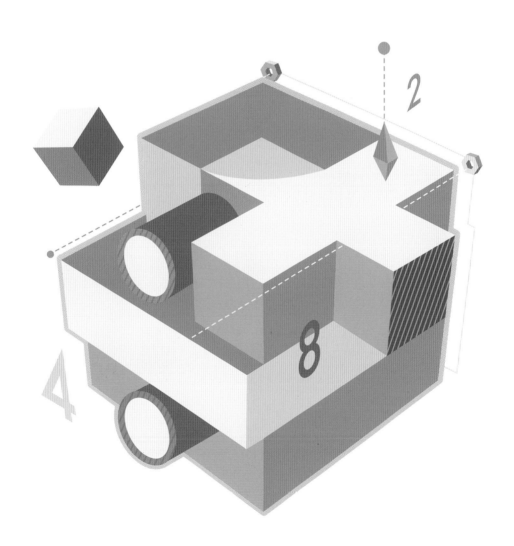

초등4 2호

혼합 계산

❶ $17+6+9=$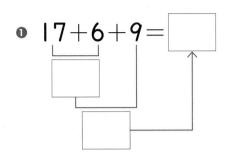

❷ $24-7-9=$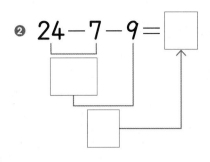

❸ $25-4+7=$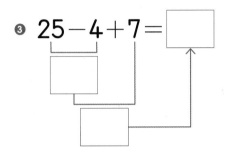

❹ $35+7-12=$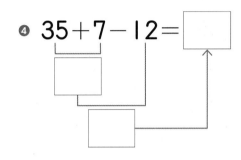

❺ $41+9+8=$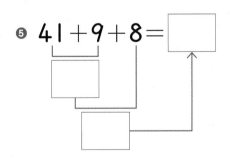

❻ $36-12-11=$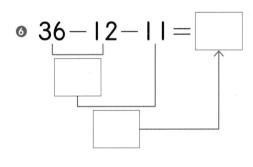

❼ $18-9+12=$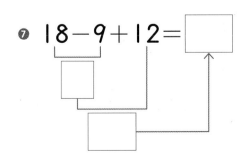

❽ $23+15-9=$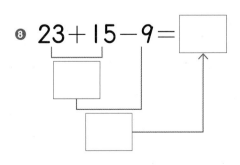

월   일

⑨ $17+(12-6)=$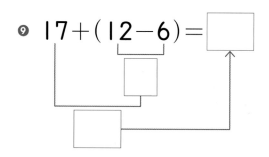

⑩ $32-(7+6)=$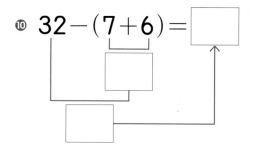

⑪ $32-(12-4)=$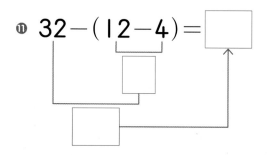

⑫ $9+(8+6)=$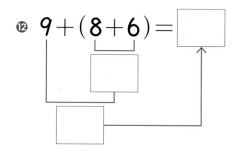

⑬ $24-(8+6)=$

⑭ $19-(12-5)=$

⑮ $31-(15+4)=$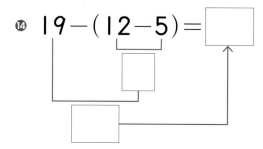

⑯ $27-(19-10)=$

자르는 선

❶ $7 \times 3 \times 2 =$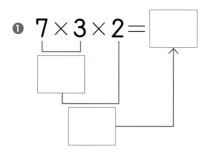

❷ $24 \div 3 \div 2 =$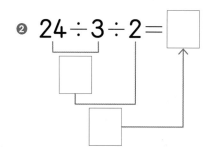

❸ $32 \div 4 \times 9 =$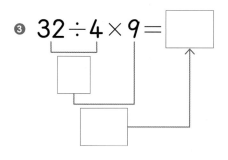

❹ $16 \times 3 \div 4 =$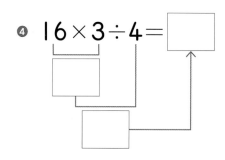

❺ $6 \times 2 \times 7 =$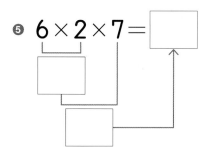

❻ $36 \div 4 \div 3 =$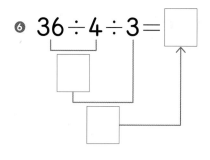

❼ $63 \div 9 \times 4 =$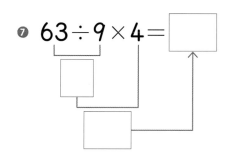

❽ $9 \times 8 \div 6 =$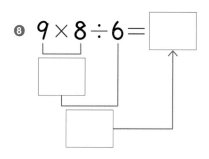

❾ $6 \times (36 \div 4) =$ □

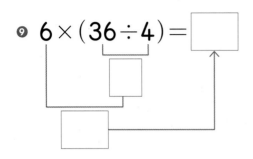

❿ $56 \div (2 \times 4) =$ □

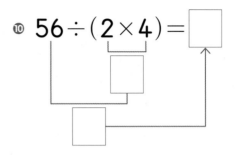

⓫ $72 \div (12 \div 4) =$ □

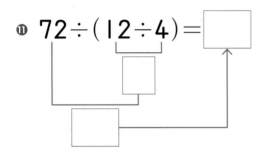

⓬ $9 \times (3 \times 3) =$ □

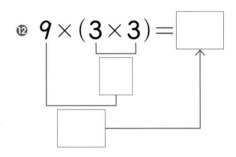

⓭ $24 \div (6 \times 2) =$ □

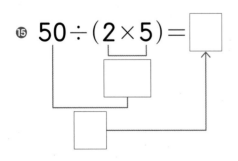

⓮ $64 \div (16 \div 4) =$ □

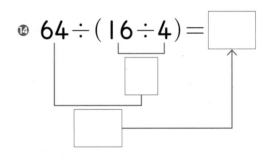

⓯ $50 \div (2 \times 5) =$ □

⓰ $54 \div (18 \div 3) =$ □

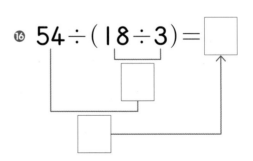

자르는 선

덧·뺄·곱셈 혼합 계산

❶ $5 \times 7 + 13 =$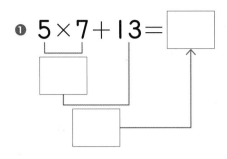

❷ $8 \times 7 - 24 =$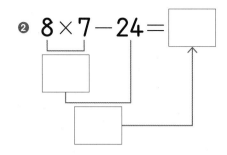

❸ $8 + 3 \times 4 =$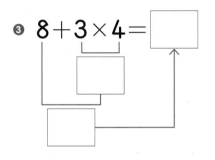

❹ $24 - 3 \times 7 =$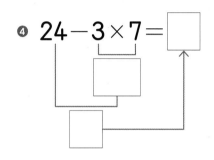

❺ $6 \times 4 + 15 =$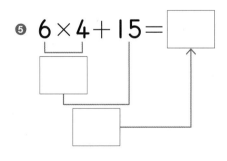

❻ $9 \times 9 - 21 =$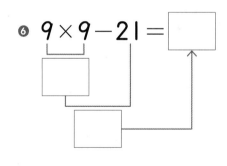

❼ $17 + 6 \times 5 =$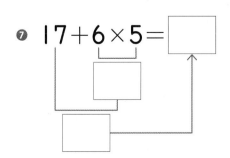

❽ $50 - 7 \times 6 =$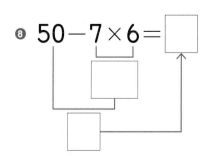

자르는 선

⑨ $8 \times (4+7) =$

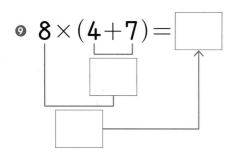

⑩ $6 \times (12-3) =$

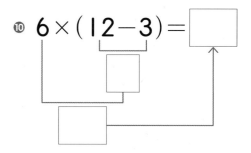

⑪ $(9+3) \times 5 =$

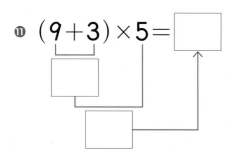

⑫ $(15-6) \times 3 =$

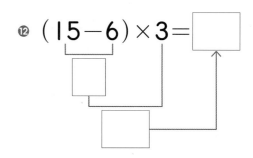

⑬ $7 \times (9+3) =$

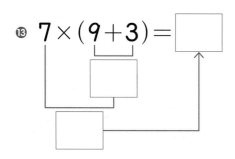

⑭ $4 \times (21-12) =$

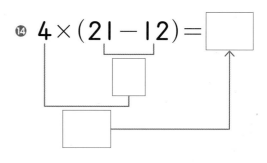

⑮ $(8+7) \times 4 =$

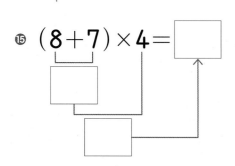

⑯ $(21-14) \times 9 =$

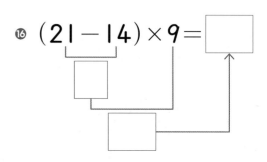

자르는 선

❶ $24 \div 8 + 7 =$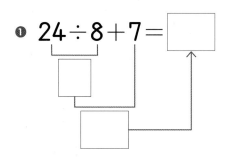

❷ $32 \div 2 - 7 =$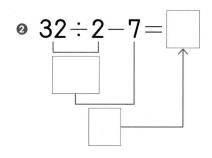

❸ $16 + 24 \div 6 =$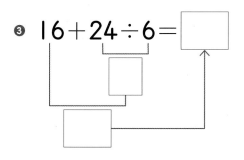

❹ $34 - 45 \div 9 =$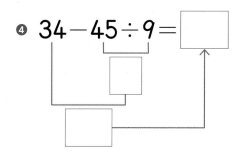

❺ $72 \div 6 + 9 =$

❻ $81 \div 9 - 5 =$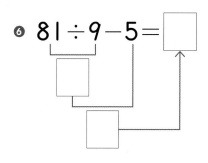

❼ $15 + 33 \div 3 =$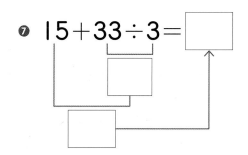

❽ $30 - 84 \div 7 =$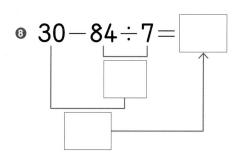

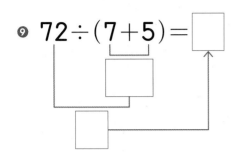

❾ $72 \div (7+5) = \square$

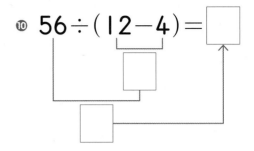

❿ $56 \div (12-4) = \square$

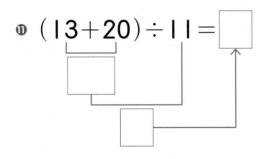

⓫ $(13+20) \div 11 = \square$

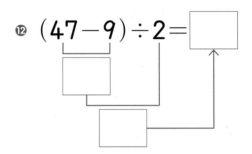

⓬ $(47-9) \div 2 = \square$

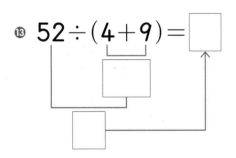

⓭ $52 \div (4+9) = \square$

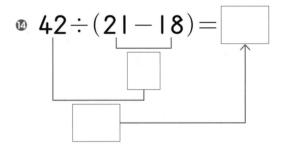

⓮ $42 \div (21-18) = \square$

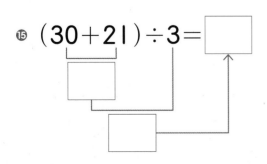

⓯ $(30+21) \div 3 = \square$

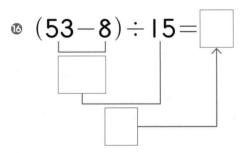

⓰ $(53-8) \div 15 = \square$

5주 덧·뺄·곱·나눗셈 혼합 계산

❶ $3 \times 2 + (12 - 3) \div 3 = \boxed{}$

❷ $3 \times (4 + 2) \div 2 - 1 = \boxed{}$

❸ $14 \div 7 \times 2 - 3 + 2 = \boxed{}$

❹ $(7 + 3) \div 2 \times 3 - 6 = \boxed{}$

❺ $(18 - 3) \div 5 + 4 \times 3 = \boxed{}$

❻ $15 \div 5 + 2 \times (6 - 1) = \boxed{}$

❼ $15 - 12 \div 4 \times 3 + 4 = \boxed{}$

❽ $6 + 2 \times 4 - 21 \div 3 = \boxed{}$

❾ $3+20\times5-8\div4=\boxed{}$

❿ $(12-4)\div2+3\times3=\boxed{}$

⑪ $16\div(10-2)\div2+3=\boxed{}$

⑫ $10-(3+1)\times3\div2=\boxed{}$

⑬ $(8+4)\div6\times2-1=\boxed{}$

⑭ $5\times3+72\div8-5=\boxed{}$

⑮ $18\div2\times3-10+5=\boxed{}$

⑯ $3\times3+25\div(7-2)=\boxed{}$

① $8+7+6=$ ☐

② $42-11-7=$ ☐

③ $32-(9+6)=$ ☐

④ $26+(18-9)=$ ☐

⑤ $18+3-9+12=$ ☐

⑥ $43-15+9+16=$ ☐

⑦ $5×2×3=$ ☐

⑧ $24÷8÷3=$ ☐

⑨ $7×(12÷6)=$ ☐

⑩ $36÷(3×2)=$ ☐

⑪ $8×4÷2×3=$ ☐

⑫ $25÷5×8÷4=$ ☐

⑬ $22+8×2=$ ☐

⑭ $6×7-24=$ ☐

⑮ $7×3-(12-4)=$ ☐

⑯ $11+(8-6)×3=$ ☐

⑰ $32-2×4+5=$ ☐

⑱ $23+3×5-15=$ ☐

⑲ $2 \times 7 - 24 \div 6 + 4 =$ ☐

⑳ $15 + 3 \times 2 - 8 \div 4 =$ ☐

㉑ $(12 + 6) \div 6 \times 3 - 4 =$ ☐

㉒ $25 + 15 \div 3 \times 2 - 4 =$ ☐

㉓ $34 \div 2 \times 3 - 15 + 3 =$ ☐

㉔ $24 - 12 \div 2 \times 3 + 5 =$ ☐

㉕ $24 \div (4 + 2) - 2 \times 2 =$ ☐

㉖ $15 + 13 - 14 \div 7 \times 3 =$ ☐

㉗ $45 \div (3 + 6) \times 2 - 10 =$ ☐

㉘ $12 \div 4 + (15 - 6) \times 5 =$ ☐

㉙ $32 - (7 + 2) \times 2 \div 3 =$ ☐

자르는 선

7주

❶

$1 \times (1-1) = \square$

$1 \times 1 \div 1 \ = \square$

$1 + 1 \times 1 \ = \square$

$1 + 1 + 1 \ = \square$

❷

$2 \times (2-2) = \square$

$2 - 2 \div 2 \ = \square$

$2 \times (2 \div 2) = \square$

$2 + (2 \div 2) = \square$

$2 + 2 + 2 \ = \square$

$2 \times 2 \times 2 \ = \square$

❸

$(3-3) \times 3 = \square$

$3 - 3 \div 3 \ = \square$

$3 \times (3 \div 3) = \square$

$3 + 3 \div 3 \ = \square$

$3 \times 3 - 3 \ = \square$

$3 + 3 + 3 \ = \square$

❹

$(4-4) \times 4 = \square$

$(4+4) \div 4 = \square$

$4 - 4 \div 4 \ = \square$

$4 + 4 - 4 \ = \square$

$4 + 4 \div 4 \ = \square$

❺

$(5-5)\times 5=\boxed{}$

$(5+5)\div 5=\boxed{}$

$5-(5\div 5)=\boxed{}$

$5\times 5\div 5\ =\boxed{}$

$5+(5\div 5)=\boxed{}$

❻

$(6-6)\times 6=\boxed{}$

$(6+6)\div 6=\boxed{}$

$6-6\div 6\ =\boxed{}$

$6+6-6\ =\boxed{}$

$6+6\div 6\ =\boxed{}$

❼

$7\times (7-7)=\boxed{}$

$(7+7)\div 7=\boxed{}$

$7-7\div 7\ =\boxed{}$

$7\times 7\div 7\ =\boxed{}$

$7+(7\div 7)=\boxed{}$

❽

$(8-8)\times 8=\boxed{}$

$(8+8)\div 8=\boxed{}$

$8-8\div 8\ =\boxed{}$

$8+8-8\ =\boxed{}$

$8+(8\div 8)=\boxed{}$

자르는 선

① $12 \div \{2 \times (4 \div 2)\} = \boxed{}$

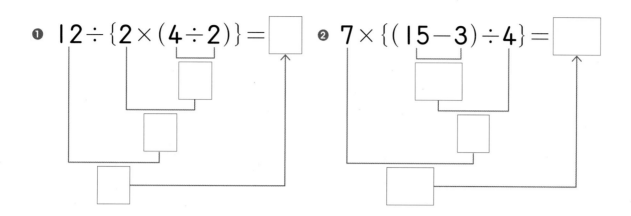

② $7 \times \{(15 - 3) \div 4\} = \boxed{}$

③ $\{9 - (3 + 2)\} \div 2 = \boxed{}$

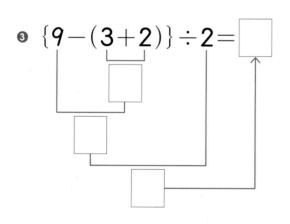

④ $\{26 \div (6 + 7)\} \times 4 = \boxed{}$

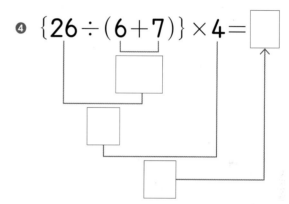

⑤ $32 \div \{8 \div (12 \div 3)\} = \boxed{}$

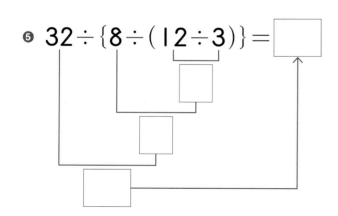

6 $24 \div \{3 \times (5-3)\} + 3 \times (4+2) = \boxed{}$

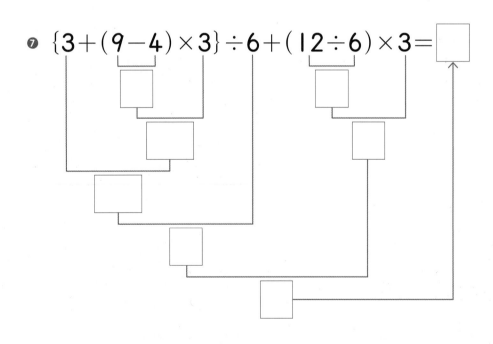

7 $\{3 + (9-4) \times 3\} \div 6 + (12 \div 6) \times 3 = \boxed{}$

자르는 선

정 답

1주 덧·뺄셈 혼합 계산

❶ 23, 32, 32 ❷ 17, 8, 8 ❸ 21, 28, 28 ❹ 42, 30, 30 ❺ 50, 58, 58 ❻ 24, 13, 13
❼ 9, 21, 21 ❽ 38, 29, 29 ❾ 6, 23, 23 ❿ 13, 19, 19 ⓫ 8, 24, 24 ⓬ 14, 23, 23
⓭ 14, 10, 10 ⓮ 7, 12, 12 ⓯ 19, 12, 12 ⓰ 9, 18, 18

2주 곱·나눗셈 혼합 계산

❶ 21, 42, 42 ❷ 8, 4, 4 ❸ 8, 72, 72 ❹ 48, 12, 12 ❺ 12, 84, 84 ❻ 9, 3, 3
❼ 7, 28, 28 ❽ 72, 12, 12 ❾ 9, 54, 54 ❿ 8, 7, 7 ⓫ 3, 24, 24 ⓬ 9, 81, 81
⓭ 12, 2, 2 ⓮ 4, 16, 16 ⓯ 10, 5, 5 ⓰ 6, 9, 9

3주 덧·뺄·곱셈 혼합 계산

❶ 35, 48, 48 ❷ 56, 32, 32 ❸ 12, 20, 20 ❹ 21, 3, 3 ❺ 24, 39, 39 ❻ 81, 60, 60
❼ 30, 47, 47 ❽ 42, 8, 8 ❾ 11, 88, 88 ❿ 9, 54, 54 ⓫ 12, 60, 60 ⓬ 9, 27, 27
⓭ 12, 84, 84 ⓮ 9, 36, 36 ⓯ 15, 60, 60 ⓰ 7, 63, 63

4주 덧·뺄·나눗셈 혼합 계산

❶ 3, 10, 10 ❷ 16, 9, 9 ❸ 4, 20, 20 ❹ 5, 29, 29 ❺ 12, 21, 21 ❻ 9, 4, 4
❼ 11, 26, 26 ❽ 12, 18, 18 ❾ 12, 6, 6 ❿ 8, 7, 7 ⓫ 33, 3, 3 ⓬ 38, 19, 19
⓭ 13, 4, 4 ⓮ 3, 14, 14 ⓯ 51, 17, 17 ⓰ 45, 3, 3

5주 덧·뺄·곱·나눗셈 혼합 계산

❶ 9 ❷ 8 ❸ 3 ❹ 9 ❺ 15 ❻ 13 ❼ 10 ❽ 7 ❾ 101 ❿ 13 ⓫ 4 ⓬ 4
⓭ 3 ⓮ 19 ⓯ 22 ⓰ 14

6주 여러 가지 혼합 계산

❶ 21 ❷ 24 ❸ 17 ❹ 35 ❺ 24 ❻ 53 ❼ 30 ❽ 1 ❾ 14 ❿ 6 ⓫ 48 ⓬ 10
⓭ 38 ⓮ 18 ⓯ 13 ⓰ 17 ⓱ 29 ⓲ 23 ⓳ 14 ⓴ 19 ㉑ 5 ㉒ 31 ㉓ 39 ㉔ 11
㉕ 0 ㉖ 22 ㉗ 0 ㉘ 48 ㉙ 26

7주 연산 퍼즐

❶ 0, 1, 2, 3 ❷ 0, 1, 2, 3, 6, 8 ❸ 0, 2, 3, 4, 6, 9 ❹ 0, 2, 3, 4, 5
❺ 0, 2, 4, 5, 6 ❻ 0, 2, 5, 6, 7 ❼ 0, 2, 6, 7, 8 ❽ 0, 2, 7, 8, 9

8주 괄호가 있는 혼합 계산

❶ 2, 4, 3, 3 ❷ 12, 3, 21, 21 ❸ 5, 4, 2, 2 ❹ 13, 2, 8, 8 ❺ 4, 2, 16, 16
❻ (2, 6, 4), (6, 18), 22, 22 ❼ (5, 15, 18, 3), (2, 6), 9, 9

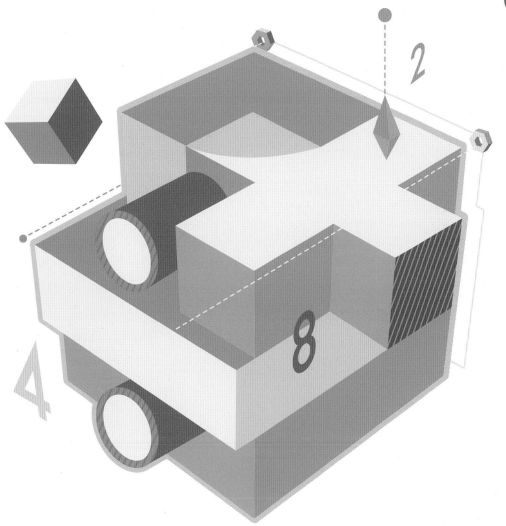

사고셈

초등4 2호

이 책의 **구성과 특징**

생각의 힘을 키우는 사고(思考)셈은 1주 4개, 8주 32개의 사고력 유형 학습을 통해 수와 연산에 대한 개념의 응용력(추론 및 문제해결능력)을 키울 수 있도록 하였습니다.

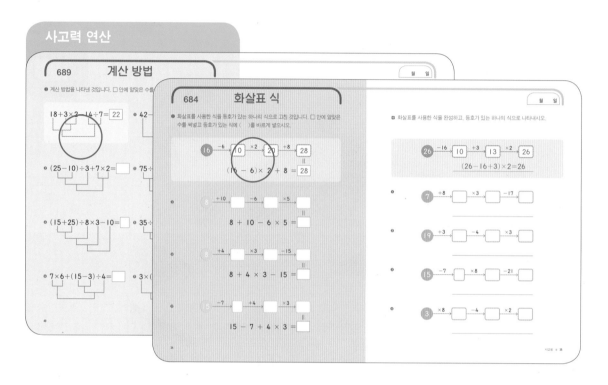

- 대표 사고력 유형으로 연산 원리를 쉽게쉽게
- 1~4일차: 다양한 유형의 주 진도 학습

5일차 점검 학습: 주 진도 학습 확인

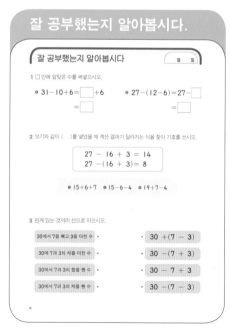

권두부록 (기본연산 Check-Book)

기본연산 Check-Book

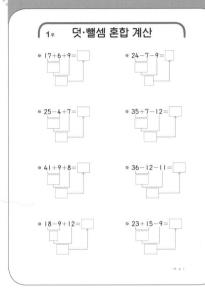

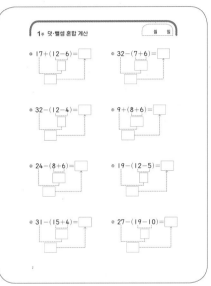

◆ 본 학습 전 기본연산 실력 진단

권말부록 (G-Book)

Guide Book(정답 및 해설)

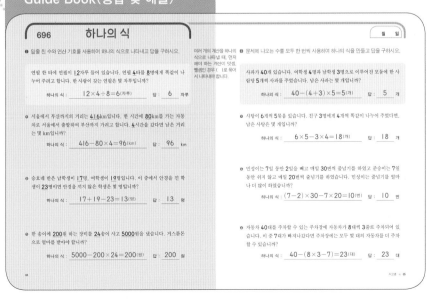

◆ 문제와 답을 한 눈에!

◆ 상세한 풀이와 친절한 해설, 답

학습 효과 및 활용법

학습 효과

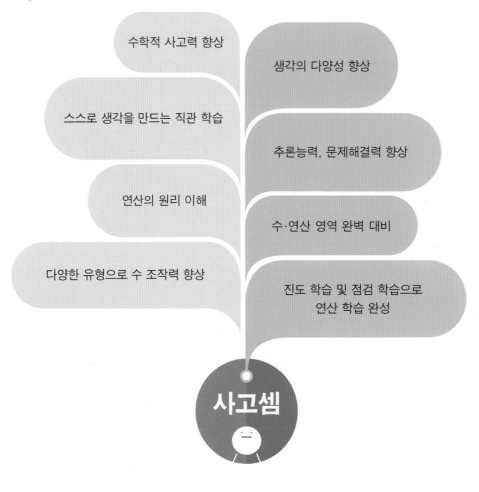

수학적 사고력 향상

생각의 다양성 향상

스스로 생각을 만드는 직관 학습

추론능력, 문제해결력 향상

연산의 원리 이해

수·연산 영역 완벽 대비

다양한 유형으로 수 조작력 향상

진도 학습 및 점검 학습으로
연산 학습 완성

사고셈

주차별 활용법

1단계
기본연산
Check-Book으로
준비 학습

2단계
사고력 유형으로
진도 학습

3단계
마무리 문제로
점검 학습

1단계 : 기본연산 Check-Book으로 사고력 연산을 위한 준비 학습을 합니다.
2단계 : 사고력 유형으로 사고력 연산의 진도 학습을 합니다.
3단계 : 한 주마다 점검 학습(잘 공부했는지 알아봅시다)으로 사고력 향상을 확인합니다.

학습 구성

6세

1호	10까지의 수
2호	더하기 빼기 1과 2
3호	합이 9까지인 덧셈
4호	한 자리 수의 뺄셈과 세 수의 계산

7세

1호	한 자리 수의 덧셈과 뺄셈
2호	10 만들기
3호	50까지의 수
4호	더하기 빼기 1과 2, 10과 20

초등 1

1호	덧셈구구
2호	뺄셈구구와 덧셈, 뺄셈 혼합
3호	100까지의 수, 1000까지의 수
4호	받아올림, 받아내림 없는 두 자리 수의 계산

초등 2

1호	두 자리 수와 한 자리 수의 덧셈과 뺄셈
2호	두 자리 수의 덧셈과 뺄셈
3호	곱셈구구
4호	곱셈과 나눗셈 구구

초등 3

1호	세·네 자리 수의 덧셈과 뺄셈
2호	분수와 소수의 기초
3호	두 자리 수의 곱셈과 나눗셈
4호	분수

초등 4

1호	분수의 덧셈과 뺄셈
2호	혼합 계산
3호	소수의 덧셈과 뺄셈
4호	어림하기

이 책의 학습 로드맵

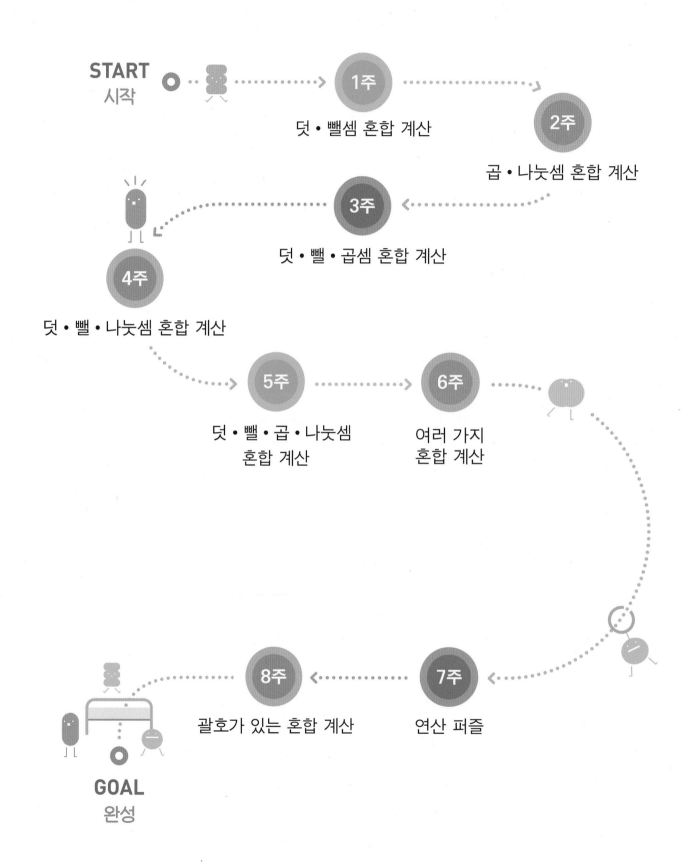

START
시작

1주
덧·뺄셈 혼합 계산

2주
곱·나눗셈 혼합 계산

3주
덧·뺄·곱셈 혼합 계산

4주
덧·뺄·나눗셈 혼합 계산

5주
덧·뺄·곱·나눗셈 혼합 계산

6주
여러 가지 혼합 계산

7주
연산 퍼즐

8주
괄호가 있는 혼합 계산

GOAL
완성

1 덧·뺄셈 혼합 계산

순서대로 계산하기

● □ 안에 알맞은 수를 써넣으시오.

$27 - (6 + 9) = \boxed{12}$

$\boxed{15}$

$\boxed{12}$

❶ $63 - 8 + 11 = \boxed{}$

❷ $24 + 8 - 13 = \boxed{}$

❸ $27 - (16 - 7) = \boxed{}$

❹ $32 + 8 + 11 = \boxed{}$

❺ $32 - 13 - 11 = \boxed{}$

❻ $29 - (12 + 9) = \boxed{}$

❼ $18 - (12 - 9) = \boxed{}$

✛ 계산 순서를 나타내고 계산하시오.

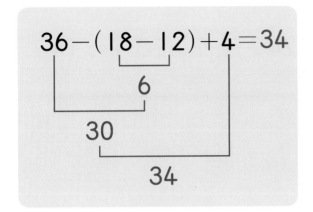

❶ $26+9-(13+4)$

❷ $18+3-12+24$

❸ $36-24+9+15$

❹ $25-(13-7)+4$

❺ $19+17-(15-4)$

❻ $16+8-11+5$

❼ $31-(9-3)+6$

식 세워 계산하기

● 문장에 맞게 식을 세운 것입니다. □ 안에 알맞은 수를 써넣고 계산하시오.

24에서 7과 3의 합을 뺀 수 $\boxed{24} - (\boxed{7} + \boxed{3}) = \boxed{14}$

❶ 15에 7을 더하고 6을 뺀 수 $\boxed{} + \boxed{} - \boxed{} = \boxed{}$

❷ 21과 7의 차에 15를 더한 수 $\boxed{} - \boxed{} + \boxed{} = \boxed{}$

❸ 18에서 12와 9의 차를 뺀 수 $\boxed{} - (\boxed{} - \boxed{}) = \boxed{}$

❹ 28에서 12를 빼고 7을 더한 수 $\boxed{} - \boxed{} + \boxed{} = \boxed{}$

❺ 25에서 11과 5의 합을 뺀 수 $\boxed{} - (\boxed{} + \boxed{}) = \boxed{}$

❻ 42에서 8을 빼고 13을 더한 수 $\boxed{} - \boxed{} + \boxed{} = \boxed{}$

✚ 식을 세우고 계산하시오.

| 25에 12와 9의 차를 더한 수 | $25+(12-9)=28$ |

❶ 17에서 7과 6의 합을 뺀 수

❷ 21과 7의 차에 8을 더한 수

❸ 15에 8을 더하고 11을 뺀 수

❹ 23에서 21과 7의 차를 뺀 수

❺ 22에서 9를 빼고 7을 더한 수

❻ 35에 10과 8의 차를 더한 수

675 괄호 넣어 비교하기

● 계산 결과를 쓰고 (   )가 없을 때와 계산 결과가 같은 식이 있으면 ○표 하시오.

$24+3-2+4=29$

$24+3-(2+4)=21$

$\boxed{24+(3-2)+4=29}$

$\boxed{24+(3-2+4)=29}$

① $35-12+9-6=26$

$35-12+(9-6)$

$35-(12+9)-6$

$35-(12+9-6)$

② $27-14-6-3=4$

$27-14-(6-3)$

$27-(14-6)-3$

$27-(14-6-3)$

③ $19+8+5-3=29$

$19+8+(5-3)$

$19+(8+5)-3$

$19+(8+5-3)$

④ $18+6-3+7=28$

$18+6-(3+7)$

$18+(6-3)+7$

$18+(6-3+7)$

⑤ $32-16-8+6=14$

$32-16-(8+6)$

$32-(16-8)+6$

$32-(16-8+6)$

● ( )가 없을 때와 계산 결과가 같은 식이 있으면 ○표 하시오.

$$36-4+7+6$$

$$(36-4+(7+6))$$
$$36-(4+7)+6$$
$$36-(4+7+6)$$

❶
$$28+15-10-3$$

$$28+15-(10-3)$$
$$28+(15-10)-3$$
$$28+(15-10-3)$$

❷
$$23-7+6-4$$

$$23-7+(6-4)$$
$$23-(7+6)-4$$
$$23-(7+6-4)$$

❸
$$31-12-7+3$$

$$31-12-(7+3)$$
$$31-(12-7)+3$$
$$31-(12-7+3)$$

❹
$$15+11+9-7$$

$$15+11+(9-7)$$
$$15+(11+9)-7$$
$$15+(11+9-7)$$

❺
$$22-7+6+2$$

$$22-7+(6+2)$$
$$22-(7+6)+2$$
$$22-(7+6+2)$$

● 4, 3, 2, 1 숫자 사이에 +, −를 넣어 2에서 10까지의 짝수를 만든 것입니다. □ 안에 알맞은 수를 써넣으시오.

$$4-3+2-1=\boxed{2}$$

① $4-3+2+1=\square$

② $4+3-2+1=\square$

③ $4+3+2-1=\square$

④ $4+3+2+1=\square$

● 5, 4, 3, 2 숫자 사이에 +, −를 넣어 2에서 10까지의 짝수를 만든 것입니다. □ 안에 알맞은 수를 써넣으시오.

$$5-4+3-2=\boxed{2}$$

⑤ $5+4-3-2=\square$

⑥ $5-4+3+2=\square$

⑦ $5+4-3+2=\square$

⑧ $5+4+3-2=\square$

✤ ○ 안에 ＋, －를 넣어 계산 결과가 1에서 15까지의 홀수가 되도록 만드시오.(연산 기호를 중복해서 사용해도 됩니다. 여러 가지 방법이 있습니다.)

5 ⊖ 4 ⊕ 3 ⊖ 2 ⊖ 1 ＝ 1

❶ 5 ◯ 4 ◯ 3 ◯ 2 ◯ 1 ＝ 3

❷ 5 ◯ 4 ◯ 3 ◯ 2 ◯ 1 ＝ 5

❸ 5 ◯ 4 ◯ 3 ◯ 2 ◯ 1 ＝ 7

❹ 5 ◯ 4 ◯ 3 ◯ 2 ◯ 1 ＝ 9

❺ 5 ◯ 4 ◯ 3 ◯ 2 ◯ 1 ＝ 11

❻ 5 ◯ 4 ◯ 3 ◯ 2 ◯ 1 ＝ 13

❼ 5 ◯ 4 ◯ 3 ◯ 2 ◯ 1 ＝ 15

1 □ 안에 알맞은 수를 써넣으시오.

❶ $31-10+6=$ □ $+6$

   $=$ □

❷ $27-(12-6)=27-$ □

   $=$ □

2 보기와 같이 ( )를 넣었을 때 계산 결과가 달라지는 식을 찾아 기호를 쓰시오.

$$27 - 16 + 3 = 14$$
$$27 -(16 + 3)= 8$$

㉠ $15+6+7$ **㉡** $15-6-4$ **㉢** $19+7-4$

3 관계 있는 것끼리 선으로 이으시오.

30에서 7을 빼고 3을 더한 수 •	• $30 +(7 - 3)$
30에 7과 3의 차를 더한 수 •	• $30 -(7 + 3)$
30에서 7과 3의 합을 뺀 수 •	• $30 - 7 + 3$
30에서 7과 3의 차를 뺀 수 •	• $30 -(7 - 3)$

2 곱·나눗셈 혼합 계산

순서대로 계산하기

● □ 안에 알맞은 수를 써넣으시오.

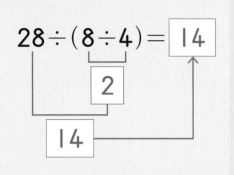

$28 \div (8 \div 4) = \boxed{14}$

2

14

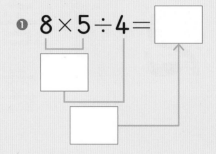

❶ $8 \times 5 \div 4 = \boxed{}$

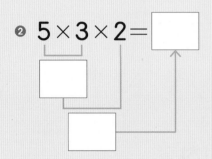

❷ $5 \times 3 \times 2 = \boxed{}$

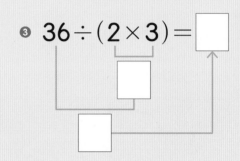

❸ $36 \div (2 \times 3) = \boxed{}$

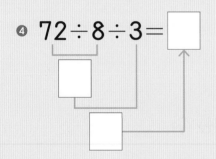

❹ $72 \div 8 \div 3 = \boxed{}$

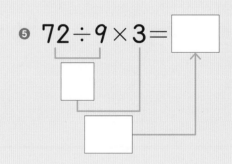

❺ $72 \div 9 \times 3 = \boxed{}$

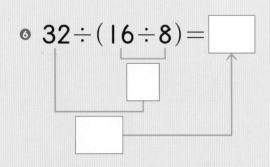

❻ $32 \div (16 \div 8) = \boxed{}$

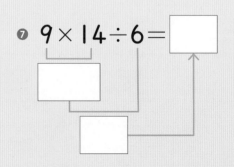

❼ $9 \times 14 \div 6 = \boxed{}$

✣ 계산 순서를 나타내고 계산하시오.

$$64 \div 8 \div (8 \div 2) = 2$$

❶ $12 \times (6 \div 3) \times 3$

❷ $8 \times 9 \div 6 \times 2$

❸ $36 \div 6 \times 3 \times 5$

❹ $25 \div (45 \div 9) \times 4$

❺ $10 \times 5 \div (35 \div 7)$

❻ $24 \div 2 \div (12 \div 3)$

❼ $72 \div (16 \div 2) \times 7$

선잇기

● 위의 식을 계산하고 두 식의 계산 결과가 같게 ◯ 안에 × 또는 ÷를 써넣으시오.

$36 \div 12 \div 3 = \boxed{1}$

$36 \div (12 \; \boxed{\times} \; 3)$

❶ $36 \div 12 \times 3 = \boxed{}$

$36 \div (12 \; \bigcirc \; 3)$

❷ $12 \times 6 \div 2 = \boxed{}$

$12 \times (6 \; \bigcirc \; 2)$

❸ $12 \div 6 \times 2 = \boxed{}$

$12 \div (6 \; \bigcirc \; 2)$

❹ $32 \div 8 \div 2 = \boxed{}$

$32 \div (8 \; \bigcirc \; 2)$

❺ $32 \div 8 \times 2 = \boxed{}$

$32 \div (8 \; \bigcirc \; 2)$

❻ $18 \times 9 \div 3 = \boxed{}$

$18 \times (9 \; \bigcirc \; 3)$

❼ $18 \div 6 \div 3 = \boxed{}$

$18 \div (6 \; \bigcirc \; 3)$

❽ $81 \div 9 \div 3 = \boxed{}$

$81 \div (9 \; \bigcirc \; 3)$

❾ $81 \div 9 \times 3 = \boxed{}$

$81 \div (9 \; \bigcirc \; 3)$

✦ 계산 결과가 같은 것끼리 서로 이으시오.

$24 \div 6 \times 2$	$24 \times (6 \div 2)$
$24 \div 6 \div 2$	$24 \div (6 \div 2)$
$24 \times 6 \div 2$	$24 \div (6 \times 2)$

❶

$96 \times 8 \div 4$	$96 \times (8 \div 4)$
$96 \div 8 \div 4$	$96 \div (8 \div 4)$
$96 \div 8 \times 4$	$96 \div (8 \times 4)$

❷

$54 \times 9 \div 3$	$54 \div (9 \div 3)$
$54 \div 9 \times 3$	$54 \div (9 \times 3)$
$54 \div 9 \div 3$	$54 \times (9 \div 3)$

네모 안의 수

● □ 안에 알맞은 수에 ○표 하시오.

$24 \div (12 \div \boxed{}) = 12$

2   3   ⑥

❶ $25 \div \boxed{} \times 9 \div 3 = 15$

4   5   6

❷ $28 \times 6 \div \boxed{} = 56$

2   3   6

❸ $54 \div (3 \times \boxed{}) \times 8 = 48$

1   2   3

❹ $64 \div (24 \div \boxed{}) = 8$

3   4   6

❺ $72 \div 4 \div 9 \times \boxed{} = 4$

1   2   3

❻ $84 \div \boxed{} \times 3 = 36$

6   7   8

❼ $\boxed{} \times 21 \div 7 \div 4 = 3$

4   6   8

❖ ☐ 안에 알맞은 수를 써넣으시오.

$24 \div (\boxed{4} \times 2) = 3$

❶ $12 \times 8 \div (\square \times 3) = 8$

❷ $84 \div \square \times 3 = 36$

❸ $7 \times \square \div 3 \times 2 = 28$

❹ $81 \div (3 \times \square) = 3$

❺ $12 \div (\square \div 2) \times 3 = 18$

❻ $45 \div 3 \div \square = 3$

❼ $90 \div (\square \times 2) \div 3 = 3$

❽ $36 \div (\square \times 2) = 6$

❾ $7 \times 12 \times 3 \div \square = 42$

❿ $48 \div (2 \times \square) = 3$

⓫ $3 \times 8 \div (\square \times 2) = 4$

⓬ $36 \div \square \times 4 = 24$

⓭ $5 \times (48 \div \square) = 60$

680 숫자 카드 목표수

● 숫자 카드를 모두 한 번씩 사용하여 식을 완성하시오.

$$1\ 2 \times 3 \div 4 = 9$$
$$2\ 1 \div 3 \times 4 = 28$$

①

카드: 1 2 3 7

$$\boxed{\ }\boxed{\ } \div \boxed{\ } \times \boxed{\ } = 9$$
$$\boxed{\ } \times (\boxed{\ }\boxed{\ } \div \boxed{\ }) = 28$$

②

카드: 2 4 6 7

$$\boxed{\ } \times \boxed{\ } \div \boxed{\ } \times \boxed{\ } = 21$$
$$\boxed{\ }\boxed{\ } \div \boxed{\ } \times \boxed{\ } = 28$$

③

카드: 1 3 8 9

$$\boxed{\ }\boxed{\ } \div \boxed{\ } \times \boxed{\ } = 54$$
$$\boxed{\ } \div \boxed{\ } \times (\boxed{\ } \div \boxed{\ }) = 24$$

④

카드: 4 5 6 9

$$\boxed{\ }\boxed{\ } \div (\boxed{\ } \times \boxed{\ }) = 1$$
$$\boxed{\ } \times \boxed{\ } \div \boxed{\ } \times \boxed{\ } = 30$$

➕ 조건에 따라 계산 결과가 ⬭ 안의 수가 되는 식을 만드시오. 여러 가지 방법이 있습니다.

조건

- 숫자 카드를 모두 한 번씩 사용하고, 숫자 두 개를 붙여서 두 자리 수를 만들 수 있습니다.
- 연산 기호는 ×, ÷를 사용하고, 여러 번 사용해도 됩니다.
- (   )를 사용해도 됩니다.

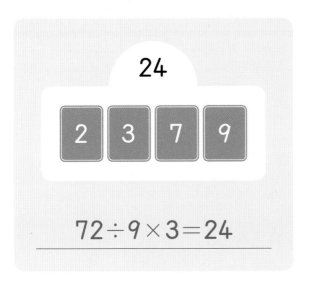

24

2 3 7 9

$$72 \div 9 \times 3 = 24$$

❶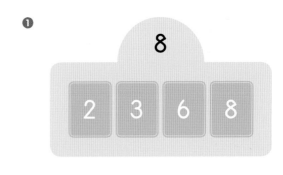

8

2 3 6 8

❷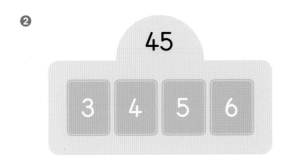

45

3 4 5 6

❸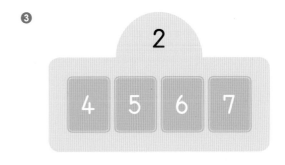

2

4 5 6 7

1 □ 안에 알맞은 수를 써넣으시오.

❶ $42 \div 6 \times 7 = \boxed{} \times 7$

$\qquad = \boxed{}$

❷ $72 \div (16 \div 2) = 72 \div \boxed{}$

$\qquad = \boxed{}$

❸ $12 \times 9 \div (18 \div 3) = 12 \times 9 \div \boxed{}$

$\qquad = \boxed{} \div \boxed{}$

$\qquad = \boxed{}$

2 계산 결과가 가장 큰 것에 ○표 하시오.

$$144 \div 12 \div (4 \times 3)$$
$$144 \div (12 \div 4) \times 3$$
$$144 \div 12 \div 4 \times 3$$

3 숫자 카드를 모두 한 번씩 사용하여 식을 완성하시오.

❶ $\boxed{}\boxed{} \div \boxed{} \times \boxed{} = 28$

❷ $\boxed{}\boxed{} \div \boxed{} \times \boxed{} = 49$

3

덧·뺄·곱셈
혼합 계산

계산 순서

● 바르게 계산한 것에 ○표 하시오.

$23-3\times6=120$

20

120

$23-3\times6=5$

18

5 ○

---

❶

$7\times6+3=45$

42

45

$7\times6+3=63$

9

63

---

❷

$32+(2\times10)=340$

34

340

$32+(2\times10)=52$

20

52

---

❸

$6\times(7-5)=37$

42

37

$6\times(7-5)=12$

2

12

✚ ☐ 안에 알맞은 수를 써넣으시오.

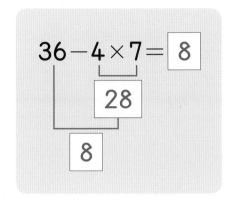

① $6 \times 5 + 15 =$ ☐

② $8 \times (6 - 2) =$ ☐

③ $(6 + 4) \times 7 =$ ☐

④ $24 + 6 \times 3 =$ ☐

⑤ $32 - 6 \times 2 =$ ☐

⑥ $7 \times (3 + 8) =$ ☐

⑦ $(9 - 4) \times 12 =$ ☐

⑧ $9 \times 8 - 12 =$ ☐

⑨ $7 \times 8 + 15 =$ ☐

화살표 순서

● 화살표에 표시된 번호 순으로 계산하여 □ 안에 알맞은 수를 써넣으시오.

$$42+5\times4-16=42+\boxed{^{①}20}-16$$
$$=\boxed{^{②}62}-16=\boxed{^{③}46}$$

① $15+6\times(12-5)=15+6\times\boxed{^{①}}$
$$=15+\boxed{^{②}}=\boxed{^{③}}$$

② $(5+4)\times7-15=\boxed{^{①}}\times7-15$
$$=\boxed{^{②}}-15=\boxed{^{③}}$$

③ $8\times(13-7)+3=8\times\boxed{^{①}}+3$
$$=\boxed{^{②}}+3=\boxed{^{③}}$$

④ $27-6+3\times8=27-6+\boxed{^{①}}$
$$=\boxed{^{②}}+24=\boxed{^{③}}$$

✚ 계산 순서에 맞게 화살표에 번호를 쓰고, 번호 순으로 계산하시오.

$$45-(7+2)\times4 = \underline{45-9\times4} = \underline{45-36} = \underline{9}$$
③ ① ②

① $(12-5)\times7-24 = \underline{\hspace{3cm}} = \underline{\hspace{3cm}} = \underline{\hspace{3cm}}$

② $36-27+3\times8 = \underline{\hspace{3cm}} = \underline{\hspace{3cm}} = \underline{\hspace{3cm}}$

③ $8+7\times6-13 = \underline{\hspace{3cm}} = \underline{\hspace{3cm}} = \underline{\hspace{3cm}}$

④ $12\times4-16+4 = \underline{\hspace{3cm}} = \underline{\hspace{3cm}} = \underline{\hspace{3cm}}$

식 세워 계산하기

● 문장에 맞게 식을 세운 것입니다. □ 안에 알맞은 수를 써넣으시오.

32에 3과 6의 곱을 더하고 7을 뺀 수

$$\boxed{32} + \boxed{3} \times \boxed{6} - \boxed{7} = \boxed{43}$$

❶ 4와 5의 곱에서 7을 빼고 21을 더한 수

$$\boxed{} \times \boxed{} - \boxed{} + \boxed{} = \boxed{}$$

❷ 7과 4의 합에 3을 곱하고 8을 뺀 수

$$(\boxed{} + \boxed{}) \times \boxed{} - \boxed{} = \boxed{}$$

❸ 6에 8과 3의 차를 곱하고 16을 더한 수

$$\boxed{} \times (\boxed{} - \boxed{}) + \boxed{} = \boxed{}$$

❹ 28에서 5와 3의 곱을 빼고 12를 더한 수

$$\boxed{} - \boxed{} \times \boxed{} + \boxed{} = \boxed{}$$

❖ 식을 세우고 계산하시오.

5와 4의 합에 7을 곱하고 16을 뺀 수

$$(5+4)\times 7-16=47$$

❶ 9에 7과 5의 차를 곱하고 4를 뺀 수

_____

❷ 28에 6과 7의 곱을 더하고 18을 뺀 수

_____

❸ 10과 7의 곱에서 30을 빼고 6을 더한 수

_____

❹ 11과 8의 차에 10을 곱하고 4를 더한 수

_____

❺ 32에서 6과 3의 곱을 빼고 15를 더한 수

_____

화살표 식

● 화살표를 사용한 식을 등호가 있는 하나의 식으로 고친 것입니다. □ 안에 알맞은 수를 써넣고 등호가 있는 식에 ( )를 바르게 넣으시오.

16 $\xrightarrow{-6}$ 10 $\xrightarrow{\times 2}$ 20 $\xrightarrow{+8}$ 28

$$(16 - 6) \times 2 + 8 = 28$$

❶ 8 $\xrightarrow{+10}$ ☐ $\xrightarrow{-6}$ ☐ $\xrightarrow{\times 5}$ ☐

$$8 + 10 - 6 \times 5 = \boxed{}$$

❷ 8 $\xrightarrow{+4}$ ☐ $\xrightarrow{\times 3}$ ☐ $\xrightarrow{-15}$ ☐

$$8 + 4 \times 3 - 15 = \boxed{}$$

❸ 15 $\xrightarrow{-7}$ ☐ $\xrightarrow{+4}$ ☐ $\xrightarrow{\times 3}$ ☐

$$15 - 7 + 4 \times 3 = \boxed{}$$

● 화살표를 사용한 식을 완성하고, 등호가 있는 하나의 식으로 나타내시오.

26 $\xrightarrow{-16}$ 10 $\xrightarrow{+3}$ 13 $\xrightarrow{\times2}$ 26

$$(26-16+3)\times2=26$$

❶ 7 $\xrightarrow{+8}$ ☐ $\xrightarrow{\times3}$ ☐ $\xrightarrow{-17}$ ☐

_____

❷ 19 $\xrightarrow{+3}$ ☐ $\xrightarrow{-4}$ ☐ $\xrightarrow{\times3}$ ☐

_____

❸ 15 $\xrightarrow{-7}$ ☐ $\xrightarrow{\times8}$ ☐ $\xrightarrow{-21}$ ☐

_____

❹ 3 $\xrightarrow{\times8}$ ☐ $\xrightarrow{-4}$ ☐ $\xrightarrow{\times2}$ ☐

_____

1 가장 먼저 계산해야 할 것에 ○표 하고 계산하시오.

❶ $43 + 4 \times 7 - 12 = \boxed{}$

❷ $15 + 5 \times (11 - 6) = \boxed{}$

2 식이 성립하도록 ○ 안에 +, −, ×를 써넣으시오.

$8 \bigcirc (3 \bigcirc 2) \bigcirc 7 = 33$

3 다음을 구하시오.

49에서 5와 7의 곱을 빼고 17을 더한 수

4 계산 결과를 비교하여 ○ 안에 >, =, <를 알맞게 써넣으시오.

❶ $36 - 7 \times (2 + 1) \bigcirc 36 - 7 \times 2 + 1$

❷ $16 + 15 - 4 \times 3 \bigcirc 16 + (15 - 4) \times 3$

4 덧·뺄·나눗셈 혼합 계산

화살표 계산 순서

◑ 화살표에 표시된 번호 순으로 계산하여 □ 안에 알맞은 수를 써넣으시오.

$$51-48 \div 3 = 51 - \boxed{16}$$
$$\underset{②}{\uparrow} \quad \underset{①}{\uparrow}$$
$$= \boxed{35}$$

❶ $$27 \div 9 + 15 = \boxed{} + 15$$
$$\underset{①}{\uparrow} \quad \underset{②}{\uparrow}$$
$$= \boxed{}$$

❷ $$15 + 35 \div 7 = 15 + \boxed{}$$
$$\underset{②}{\uparrow} \quad \underset{①}{\uparrow}$$
$$= \boxed{}$$

❸ $$(24 + 8) \div 4 = \boxed{} \div 4$$
$$\underset{①}{\uparrow} \quad \underset{②}{\uparrow}$$
$$= \boxed{}$$

❹ $$(36 - 12) \div 8 = \boxed{} \div 8$$
$$\underset{①}{\uparrow} \quad \underset{②}{\uparrow}$$
$$= \boxed{}$$

❺ $$32 - 24 \div 12 = 32 - \boxed{}$$
$$\underset{②}{\uparrow} \quad \underset{①}{\uparrow}$$
$$= \boxed{}$$

❻ $$27 + 36 \div 9 = 27 + \boxed{}$$
$$\underset{②}{\uparrow} \quad \underset{①}{\uparrow}$$
$$= \boxed{}$$

❼ $$(28 + 16) \div 4 = \boxed{} \div 4$$
$$\underset{①}{\uparrow} \quad \underset{②}{\uparrow}$$
$$= \boxed{}$$

❽ $$(45 - 27) \div 3 = \boxed{} \div 3$$
$$\underset{①}{\uparrow} \quad \underset{②}{\uparrow}$$
$$= \boxed{}$$

❾ $$30 + 56 \div 2 = 30 + \boxed{}$$
$$\underset{②}{\uparrow} \quad \underset{①}{\uparrow}$$
$$= \boxed{}$$

✚ 화살표에 표시된 번호 순으로 계산하여 □ 안에 알맞은 수를 써넣으시오.

$9+16\div2-5=9+\boxed{8}-5=\boxed{17}-5=\boxed{12}$

➊ $24\div(6-3)+15=24\div\boxed{}+15=\boxed{}+15=\boxed{}$

➋ $36+(24-12)\div3=36+\boxed{}\div3=36+\boxed{}=\boxed{}$

➌ $23+(38-14)\div6=23+\boxed{}\div6=23+\boxed{}=\boxed{}$

➍ $75-9+56\div14=75-9+\boxed{}=\boxed{}+\boxed{}=\boxed{}$

➎ $3+48\div4-5=3+\boxed{}-5=\boxed{}-5=\boxed{}$

괄호 넣기

● ( )를 여러 가지 방법으로 넣었습니다. □ 안에 알맞은 수를 써넣으시오.

$$36 - 12 \div 4 + 2 = \boxed{35}$$
$$(36 - 12) \div 4 + 2 = \boxed{8}$$
$$36 - 12 \div (4 + 2) = \boxed{34}$$
$$36 - (12 \div 4 + 2) = \boxed{31}$$

❶
$$54 - 18 \div 6 + 3 = \boxed{}$$
$$(54 - 18) \div 6 + 3 = \boxed{}$$
$$54 - 18 \div (6 + 3) = \boxed{}$$
$$54 - (18 \div 6 + 3) = \boxed{}$$

❷
$$20 + 15 \div 5 - 2 = \boxed{}$$
$$(20 + 15) \div 5 - 2 = \boxed{}$$
$$20 + 15 \div (5 - 2) = \boxed{}$$
$$20 + (15 \div 5 - 2) = \boxed{}$$

✚ 계산 결과에 맞게 (   )를 넣으시오.

$$27 \div (6 - 3) + 7 = 16$$

❶ $24 + 16 \div 4 - 3 = 7$

❷ $36 - 27 \div 3 + 15 = 18$

❸ $30 + 56 \div 2 - 21 = 22$

❹ $14 - 20 \div 5 + 3 = 7$

❺ $75 - 27 + 29 \div 14 = 71$

❻ $80 \div 8 + 8 + 3 = 8$

❼ $26 - 36 \div 6 + 15 = 5$

❽ $7 + 5 \div 2 + 13 = 19$

❾ $8 + 41 - 11 \div 15 = 10$

약속

● 약속에 맞게 계산한 것입니다. □ 안에 알맞은 수를 써넣으시오.

약속

■ ⊙ ● = (■ + ●) ÷ (■ − ●)

$12 ⊙ 6$
$= (12 + \boxed{6}) ÷ (\boxed{12} − 6)$
$= \boxed{18} ÷ (\boxed{12} − 6)$
$= \boxed{18} ÷ \boxed{6} = \boxed{3}$

❶ $11 ⊙ 9$
$= (11 + \boxed{}) ÷ (\boxed{} − 9)$
$= \boxed{} ÷ (\boxed{} − 9)$
$= \boxed{} ÷ \boxed{} = \boxed{}$

약속

■ ⊡ ● = ■ + ■ ÷ ● − ●

❷ $42 ⊡ 7$
$= \boxed{} + \boxed{} ÷ \boxed{} − \boxed{}$
$= \boxed{} + \boxed{} − \boxed{}$
$= \boxed{} − \boxed{} = \boxed{}$

❸ $36 ⊡ 4$
$= \boxed{} + \boxed{} ÷ \boxed{} − \boxed{}$
$= \boxed{} + \boxed{} − \boxed{}$
$= \boxed{} − \boxed{} = \boxed{}$

⊕ 약속에 맞게 식을 쓰고 계산하시오.

약속

$$\blacksquare \triangle \bullet = \blacksquare + \bullet - \blacksquare \div \bullet$$

$$18 \triangle 6 = \underline{18+6-18\div6}$$
$$= \underline{\quad 21 \quad}$$

❶ $30 \triangle 5 = $ _____
$= $ _____

약속

$$\blacksquare \odot \bullet = (\blacksquare + \bullet) \div (\blacksquare - \bullet)$$

❷ $21 \odot 7 = $ _____
$= $ _____

❸ $15 \odot 9 = $ _____
$= $ _____

약속

$$\blacksquare \diamondsuit \bullet = (\blacksquare + \blacksquare - \bullet) \div \bullet$$

❹ $38 \diamondsuit 4 = $ _____
$= $ _____

❺ $42 \diamondsuit 3 = $ _____
$= $ _____

숫자 카드 목표수

◑ 숫자 카드를 모두 한 번씩 사용하여 식을 완성하시오.

| 2 | 4 | 7 | 8 |

$$2\,8 \div 4 + 7 = 14$$
$$7 + 8 \div (4 - 2) = 11$$

❶

| 1 | 2 | 4 | 6 |

$$\square + \square\,\square \div \square = 24$$
$$(\square\,\square + \square) \div \square = 10$$

❷

| 3 | 5 | 6 | 9 |

$$(\square + \square) \div \square + \square = 10$$
$$\square - \square\,\square \div \square = 1$$

❸

| 1 | 5 | 7 | 8 |

$$(\square\,\square - \square) \div \square = 7$$
$$(\square + \square + \square) \div \square = 2$$

❹

| 2 | 3 | 4 | 9 |

$$\square\,\square \div \square + \square = 17$$
$$(\square + \square) \div \square - \square = 1$$

➕ 조건에 따라 계산 결과가 ⬤ 안의 수가 되는 식을 만드시오. 여러 가지 방법이 있습니다.

- 숫자 카드를 모두 한 번씩 사용하고, 숫자 두 개를 붙여서 두 자리 수를 만들 수 있습니다.
- 연산 기호는 +, −, ÷를 사용하고, 여러 번 사용해도 됩니다.
- ( )를 사용해도 됩니다.

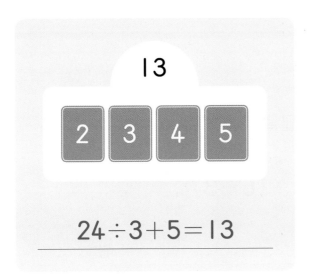

$$24 \div 3 + 5 = 13$$

❶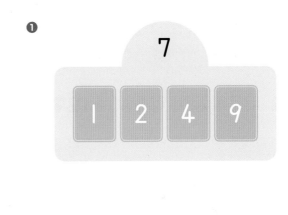

❷

❸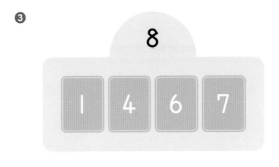

잘 공부했는지 알아봅시다

1 계산 순서에 맞게 기호를 쓰고, 계산을 하시오.

❶ $36-12\div(4+2)$

순서 : _____   답 : _____

❷ $(20+15)\div5-2$

순서 : _____   답 : _____

2 다음과 같이 약속할 때 **12♥4**의 계산식과 답을 구하시오.

$$6♥3=(6+3)\div(6-3)$$

식 : _____   답 : _____

3 □ 안에 알맞은 수를 써넣으시오.

❶ $(27-15)\div\boxed{}+7=11$

❷ $15-(9+\boxed{})\div5=11$

5

덧·뺄·곱·나눗셈 혼합 계산

계산 방법

● 계산 방법을 나타낸 것입니다. □ 안에 알맞은 수를 써넣으시오.

$18 + 3 \times 2 - 14 \div 7 = \boxed{22}$

❶ $42 - 36 \div 3 \times 2 + 7 = \square$

❷ $(25 - 10) \div 3 + 7 \times 2 = \square$

❸ $75 \div 5 + 3 \times (5 - 2) = \square$

❹ $(15 + 25) \div 8 \times 3 - 10 = \square$

❺ $35 \div 7 \times 2 - 10 + 5 = \square$

❻ $7 \times 6 + (15 - 3) \div 4 = \square$

❼ $3 \times (5 + 2) \div 7 + 4 = \square$

✚ 계산 순서를 나타내고 계산하시오.

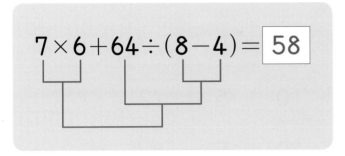

❶ $34 \div 2 \times 3 - 12 + 7 = \boxed{}$

❷ $27 \div (9-6) \times 4 + 5 = \boxed{}$

❸ $5 + 4 \times 7 - 16 \div 4 = \boxed{}$

❹ $(7+14) \div 3 \times 5 - 2 = \boxed{}$

❺ $8 \times 9 + 64 \div 8 - 3 = \boxed{}$

❻ $(35-17) \div 6 + 4 \times 3 = \boxed{}$

❼ $16 - (2+8) \times 4 \div 5 = \boxed{}$

괄호 넣기

◑ (   )를 여러 가지 방법으로 넣었습니다. 계산하여 □ 안에 알맞은 수를 써넣으시오.

$2 \times 15 - 5 + 10 \div 5 = \boxed{27}$

$2 \times (15 - 5) + 10 \div 5 = \boxed{22}$

$2 \times (15 - 5 + 10) \div 5 = \boxed{8}$

$2 \times 15 - (5 + 10 \div 5) = \boxed{23}$

❶
$40 - 3 \times 12 \div 4 + 2 = \boxed{}$

$40 - 3 \times 12 \div (4 + 2) = \boxed{}$

$40 - 3 \times (12 \div 4 + 2) = \boxed{}$

$(40 - 3) \times 12 \div 4 + 2 = \boxed{}$

❷
$15 - 3 + 2 \times 6 \div 3 = \boxed{}$

$15 - (3 + 2) \times 6 \div 3 = \boxed{}$

$(15 - 3 + 2) \times 6 \div 3 = \boxed{}$

$15 - (3 + 2 \times 6) \div 3 = \boxed{}$

✛ 계산 결과에 맞게 ( )를 넣으시오.

$$15 + 24 \div (3 + 5) - 2 = 16$$
$$15 + 24 \div (3 + 5 - 2) = 19$$
$$(15 + 24) \div 3 + 5 - 2 = 16$$

❶
$$15 - 2 + 6 \div 2 \times 3 = 14$$
$$15 - 2 + 6 \div 2 \times 3 = 3$$
$$15 - 2 + 6 \div 2 \times 3 = 0$$

❷
$$6 + 30 \div 3 \times 5 - 2 = 6$$
$$6 + 30 \div 3 \times 5 - 2 = 58$$
$$6 + 30 \div 3 \times 5 - 2 = 78$$

❸
$$36 \div 12 - 6 + 3 \times 4 = 2$$
$$36 \div 12 - 6 + 3 \times 4 = 16$$
$$36 \div 12 - 6 + 3 \times 4 = 18$$

❹
$$5 + 4 \times 11 - 8 \div 2 = 11$$
$$5 + 4 \times 11 - 8 \div 2 = 23$$
$$5 + 4 \times 11 - 8 \div 2 = 95$$

연산 기호 넣기

● 식이 성립하도록 ◯ 안에 왼쪽 연산 기호를 한 번씩 써넣으시오.

 + − ×   4 (+) 8 (−) 3 (×) 2 = 6

❶ + − ÷   12 ◯ 9 ◯ 3 ◯ 5 = 14

❷ + × ÷   15 ◯ 5 ◯ 3 ◯ 2 = 11

❸ − × ÷   24 ◯ 12 ◯ 3 ◯ 4 = 15

❹ + − ×   24 ◯ 3 ◯ 6 ◯ 5 = 11

❺ + − ÷   18 ◯ 6 ◯ 9 ◯ 3 = 9

❻ − ÷ +   36 ◯ 18 ◯ 2 ◯ 1 = 28

➕ 식이 성립하도록 ○ 안에 ＋, －, ×, ÷를 한 번씩 써넣으시오.

7 ⊕ 4 ⊗ 9 ÷ 3 ⊖ 5 = 14

❶　1 ○ 6 ○ 2 ○ 3 ○ 4 = 6

❷　(8 ○ 7) ○ 6 ○ 5 ○ 4 = 14

❸　7 ○ 6 ○ (5 ○ 4) ○ 3 = 39

❹　15 ○ 5 ○ (7 ○ 3) ○ 4 = 19

❺　20 ○ 12 ○ 3 ○ 4 ○ 5 = 9

❻　11 ○ (7 ○ 6 ○ 3) ○ 9 = 6

일이삼사오

1에서 5까지의 숫자 카드를 한 번씩 사용하여 계산 결과에 맞는 혼합 계산식을 만드시오.

| 1 | 2 | 3 | 4 | 5 |

$4 \times 2 + 3 - (5 \div 1) = 6$

❶ $\square \times \square + (\square - \square) \div \square = 7$

❷ $\square \div \square + (\square - \square) \times \square = 8$

❸ $\square \times \square - \square \div \square + \square = 9$

❹ $\square \times \square + \square \div \square - \square = 10$

⊕ 숫자 카드와 ＋, －, ×, ÷를 모두 한 번씩만 사용하여 계산 결과에 맞는 혼합
계산식을 만드시오. (   )를 사용해도 됩니다. 여러 가지 방법이 있습니다.

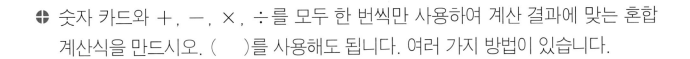

$$5-(2+1)÷3×4 \qquad = 1$$

❶ _____ $= 2$

❷ _____ $= 3$

❸ _____ $= 4$

❹ _____ $= 5$

잘 공부했는지 알아봅시다

1 계산 순서를 나타내고 계산하시오.

$$15+(10-4)\times3\div6=\boxed{}$$

2 ( )를 빼도 계산 결과가 같은 것을 고르시오.

> ㉠ $15+24\div(3+5)$ ㉡ $2\times(15-5)+10$
>
> ㉢ $3+(2\times6)\div3$ ㉣ $(40-3)\times4\div2$

3 식이 성립하도록 ◯ 안에 $+, -, \times, \div$ 를 한 번씩만 넣으시오.

❶ $5\bigcirc4\bigcirc3\bigcirc2\bigcirc1=21$

❷ $5\bigcirc4\bigcirc3\bigcirc2\bigcirc1=3$

6 여러 가지 혼합 계산

약속

● 약속에 맞게 계산한 것입니다. □ 안에 알맞은 수를 써넣으시오.

약속

18 ● 3
= 18 × [3] − [18] ÷ 3
= [54] − [18] ÷ 3
= [54] − [6]
= [48]

❶ 24 ● 2
= 24 × [ ] − [ ] ÷ 2
= [ ] − [ ] ÷ 2
= [ ] − [ ]
= [ ]

약속

■ ● ● = ■ × ● ÷ (■ − ●)

❷ 10 ● 5
= 10 × [ ] ÷ (10 − [ ])
= 10 × [ ] ÷ [ ]
= [ ] ÷ [ ]
= [ ]

❸ 12 ● 6
= 12 × [ ] ÷ (12 − [ ])
= 12 × [ ] ÷ [ ]
= [ ] ÷ [ ]
= [ ]

◆ 약속에 맞게 식을 쓰고 계산하시오.

약속

$$■ \triangle ● = ■ × ● + ■ ÷ ●$$

$$9 \triangle 3 = \underline{9 × 3 + 9 ÷ 3}$$
$$= \underline{\quad 30 \quad}$$

❶ 20 ⬟ 5 = _____

= _____

약속

$$■ \triangledown ● = ■ × ● ÷ (■ + ●)$$

❷ 6 ▽ 3 = _____

= _____

❸ 12 ▽ 4 = _____

= _____

약속

$$■ ◆ ● = ■ × (■ - ●) ÷ ●$$

❹ 15 ◇ 9 = _____

= _____

❺ 12 ◆ 8 = _____

= _____

숫자 카드 목표수

● 숫자 카드를 모두 한 번씩 사용하여 식을 완성하시오.

4 5 2 3

$2 \times 5 - (3 + 4) = 3$

① 1 2 5 4

$\square + \square - \square \times \square = 7$

② 2 3 6 4

$\square \times \square - \square \div \square = 6$

③ 5 8 7 2

$\square + \square - \square \div \square = 8$

④ 2 3 6 7

$(\square \times \square) \div \square - \square = 2$

⑤ 3 4 5 8

$(\square \div \square) \times \square + \square = 11$

✤ 숫자 카드를 모두 한 번씩 사용하여 계산 결과가 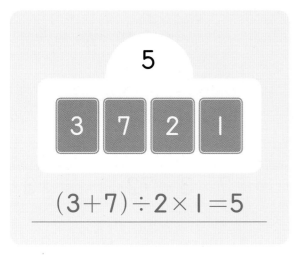 안의 수가 되는 혼합 계산식을 만드시오.(사칙 연산을 중복해서 사용해도 되고 (   )를 사용해도 됩니다. 여러 가지 방법이 있습니다.)

5

| 3 | 7 | 2 | 1 |

$(3+7)\div2\times1=5$

❶

1

| 8 | 3 | 7 | 6 |

---

❷

4

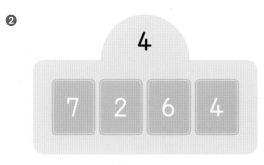

| 7 | 2 | 6 | 4 |

---

❸

10

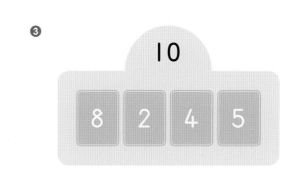

| 8 | 2 | 4 | 5 |

---

❹

7

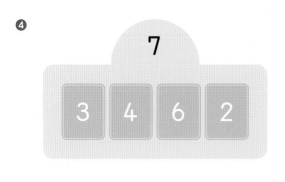

| 3 | 4 | 6 | 2 |

---

❺

8

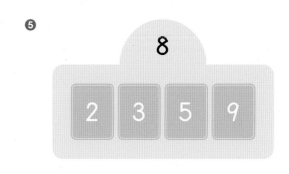

| 2 | 3 | 5 | 9 |

네모 안의 수

● □ 안에 알맞은 수에 ○표 하시오.

$58 - (9 \times \square + 5) = 8$

4 ⑤ 6

❶ $18 - (12 \div \square + 2) = 10$

2 3 4

❷ $24 \div \square + 8 - 1 = 13$

3 4 6 8

❸ $7 \times 3 - 72 \div \square = 13$

4 6 8 9

❹ $16 + \square \times 3 - 13 = 18$

5 6 7 8

❺ $2 + (15 - \square) \times 3 = 20$

6 7 8 9

❻ $9 + \square - 56 \div 8 = 10$

6 7 8 9

❼ $9 + 16 \div 2 - \square = 15$

2 3 4 5

⊕ □ 안에 알맞은 수를 써넣으시오.

$6 \times 6 \div (\boxed{6} + 3) = 4$

❶ $63 - (9 \times \square + 12) = 15$

❷ $\square \times 5 - (18 + 3) = 4$

❸ $60 - 10 \times \square \div 4 = 40$

❹ $6 \times \square - 16 \div 4 = 14$

❺ $45 \div (3 + \square) \times 3 = 27$

❻ $24 \div (6 + \square) \times 7 = 21$

❼ $24 - (3 \times \square) + 7 = 13$

❽ $8 \times 3 + 64 \div \square = 32$

❾ $(15 - \square) \times 2 + 3 = 19$

❿ $49 - \square \div 5 \times 6 = 19$

⓫ $(21 - \square) \times 2 \div 7 = 4$

⓬ $(\square - 27) \div 8 \times 12 = 60$

⓭ $25 + \square \times (15 - 9) = 43$

하나의 식

● 밑줄 친 수와 연산 기호를 사용하여 하나의 식으로 나타내고 답을 구하시오.

연필 한 타에 연필이 **12**자루 들어 있습니다. 연필 **4**타를 **8**명에게 똑같이 나누어 주려고 합니다. 한 사람이 갖는 연필은 몇 자루입니까?

하나의 식 : $12 \times 4 \div 8 = 6$ (자루)   답 : **6** 자루

❶ 서울에서 부산까지의 거리는 **416**km입니다. 한 시간에 **80**km를 가는 자동차로 서울에서 출발하여 부산까지 가려고 합니다. **4**시간을 갔다면 남은 거리는 몇 km입니까?

하나의 식 : _____   답 : _____ km

❷ 승호네 반은 남학생이 **17**명, 여학생이 **19**명입니다. 이 중에서 안경을 낀 학생이 **23**명이면 안경을 끼지 않은 학생은 몇 명입니까?

하나의 식 : _____   답 : _____ 명

❸ 한 송이에 **200**원 하는 장미를 **24**송이 사고 **5000**원을 냈습니다. 거스름돈으로 얼마를 받아야 합니까?

하나의 식 : _____   답 : _____ 원

⊕ 문제에 나오는 수를 모두 한 번씩 사용하여 하나의 식을 만들고 답을 구하시오.

사과가 **40**개 있습니다. 여학생 **4**명과 남학생 **3**명으로 이루어진 모둠에 한 사람당 **5**개씩 사과를 주었습니다. 남은 사과는 몇 개입니까?

하나의 식 : $40-(4+3)\times5=5$(개)　　답 : __5__ 개

❶ 사탕이 **6**개씩 **5**묶음 있습니다. 친구 **3**명에게 **4**개씩 똑같이 나누어 주었다면, 남은 사탕은 몇 개입니까?

하나의 식 : _____　　답 : _____ 개

❷ 민성이는 **7**일 동안 **2**일을 빼고 매일 **30**번씩 줄넘기를 하였고 준승이는 **7**일 동안 쉬지 않고 매일 **20**번씩 줄넘기를 하였습니다. 민성이는 줄넘기를 얼마나 더 많이 하였습니까?

하나의 식 : _____　　답 : _____ 번

❸ 자동차 **40**대를 주차할 수 있는 주차장에 자동차가 **8**대씩 **3**줄로 주차되어 있습니다. 이 중 **7**대가 빠져나갔다면 주차장에는 모두 몇 대의 자동차를 더 주차할 수 있습니까?

하나의 식 : _____　　답 : _____ 대

1 다음과 같이 약속할 때 18♥6의 식과 답을 구하시오.

$$15♥3 = 15 \times 3 + 15 \div 3$$

식 : _____   답 : _____

2 숫자 카드를 모두 한 번씩 사용하여 계산 결과가 **7**이 되는 혼합 계산식을 만드시오. 여러 가지 방법이 있습니다. (사칙 연산을 중복해서 사용해도 되고 (   )를 사용해도 됩니다.)

3 □ 안에 알맞은 수를 써넣으시오.

❶ $12 - (8 \times \boxed{} + 4) \div 7 = 8$

❷ $\boxed{} \times 2 - (13 + 12) \div 5 = 9$

7 연산 퍼즐

자동차 번호판

● 자동차 번호판의 네 숫자와 연산 기호를 사용하여 계산 결과가 10이 되는 여러 가지 혼합 계산식을 만든 것입니다. 주어진 방법과 다르게 10을 만드시오. 여러 가지 방법이 있습니다.

1 2 4 3

$2 \times 3 + 4 \times 1 = 10$

$4 \times 3 - 2 \times 1 = 10$

❶ 3 2 4 2

$42 - 32 = 10$

_____ $= 10$

❷ 2 5 2 5

$25 \div 5 \times 2 = 10$

_____ $= 10$

❸ 1 2 4 7

$12 \div 4 + 7 = 10$

_____ $= 10$

❹ 1 2 5 2

$5 \times 2 \times (2 - 1) = 10$

_____ $= 10$

❺ 2 2 3 6

$3 + 6 + 2 \div 2 = 10$

_____ $= 10$

✛ 자동차 번호판의 네 숫자와 연산 기호를 이용하여 **10**을 만드시오.(연산을 중복
 해서 사용해도 되고 (   )를 사용해도 됩니다. 여러 가지 방법이 있습니다.)

| 7 8 2 4 |

$24 \div 8 + 7 = 10$

$(7-2) \times (8 \div 4) = 10$

❶ | 6 3 3 5 |

_____ $= 10$

_____ $= 10$

❷ | 2 9 0 8 |

_____ $= 10$

_____ $= 10$

❸ | 3 8 2 1 |

_____ $= 10$

_____ $= 10$

❹ | 6 4 2 8 |

_____ $= 10$

_____ $= 10$

❺ | 5 4 1 7 |

_____ $= 10$

_____ $= 10$

전화번호

● 전화 번호 끝 자리 네 숫자와 연산 기호를 사용하여 여러 가지 혼합 계산식을 만든 것입니다. 계산 결과를 써넣으시오.

◯◯◯－◯◯◯◯－2983   ◯◯◯－◯◯◯◯－2736

$$(9 - 8) \times (3 - 2) = \boxed{1}$$

❶ $(2 + 7) \div (3 + 6) = \boxed{}$

❷ $(9 - 8) + (3 - 2) = \boxed{}$

❸ $(7 - 6) + (3 - 2) = \boxed{}$

❹ $8 - (2 + 9 \div 3) = \boxed{}$

❺ $7 - 6 \div 3 - 2 = \boxed{}$

❻ $(3 + 2) - (9 - 8) = \boxed{}$

❼ $6 \times 3 - 7 \times 2 = \boxed{}$

❽ $2 + 3 \times (9 - 8) = \boxed{}$

❾ $(2 + 3) \div (7 - 6) = \boxed{}$

❿ $3 \times 8 - 2 \times 9 = \boxed{}$

⓫ $2 + 7 + 3 - 6 = \boxed{}$

⓬ $2 \times 9 - 3 - 8 = \boxed{}$

⓭ $2 + 7 - 6 \div 3 = \boxed{}$

⓮ $8 \times (9 \div 3 - 2) = \boxed{}$

⓯ $6 \times 2 - 7 + 3 = \boxed{}$

⓰ $(9 \div 3) + (8 - 2) = \boxed{}$

⓱ $3 \times 6 - (2 + 7) = \boxed{}$

✦ 전화 번호 끝 자리 네 숫자와 연산 기호를 사용하여 계산 결과가 **1**에서 **9**까지의 수가 되는 혼합 계산식을 만드시오.(연산을 중복해서 사용해도 되고 ( )를 사용해도 됩니다. 여러 가지 방법이 있습니다.)

○○○-○○○○-**1224**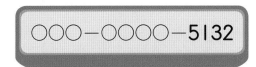

$4 \div 2 - 2 + 1 = 1$

❷ _____ $= 2$

❹ _____ $= 3$

❻ _____ $= 4$

❽ _____ $= 5$

❿ _____ $= 6$

⑫ _____ $= 7$

⑭ _____ $= 8$

⑯ _____ $= 9$

❶ _____ $= 1$

❸ _____ $= 2$

❺ _____ $= 3$

❼ _____ $= 4$

❾ _____ $= 5$

⑪ _____ $= 6$

⑬ _____ $= 7$

⑮ _____ $= 8$

⑰ _____ $= 9$

포포즈

● 4개의 3과 연산 기호를 사용하여 여러 가지 방법으로 계산하였습니다. □ 안에 알맞은 수를 써넣으시오.

$(3 \div 3) \times (3 \div 3) = \boxed{1}$

❶ $(3 \times 3) \div (3 \times 3) = \boxed{}$

❷ $(3 \div 3) + (3 \div 3) = \boxed{}$

❸ $(3 \times 3 - 3) \div 3 = \boxed{}$

❹ $(3 + 3 + 3) \div 3 = \boxed{}$

❺ $3 \times (3 - 3) + 3 = \boxed{}$

❻ $(3 \times 3 + 3) \div 3 = \boxed{}$

❼ $(3 + 3) - 3 \div 3 = \boxed{}$

❽ $(3 + 3) \div 3 + 3 = \boxed{}$

❾ $(3 + 3) \times (3 \div 3) = \boxed{}$

❿ $(3 + 3) + (3 - 3) = \boxed{}$

⓫ $(3 + 3) + (3 \div 3) = \boxed{}$

⓬ $(3 \times 3) - (3 \div 3) = \boxed{}$

⓭ $3 \times 3 + 3 - 3 = \boxed{}$

✦ **4**개의 **4**와 연산 기호를 사용하여 **1**에서 **9**까지의 수를 만들려고 합니다. ○ 안에 알맞은 연산을 써넣어 다음 식을 완성하시오.(연산을 중복해서 사용해도 되고 ( )를 사용해도 됩니다. 여러 가지 방법이 있습니다.)

$$4 \div 4 \times 4 \div 4 = 1$$

❶ $4 \bigcirc 4 \bigcirc 4 \bigcirc 4 = 2$

❷ $4 \bigcirc 4 \bigcirc 4 \bigcirc 4 = 3$

❸ $4 \bigcirc 4 \bigcirc 4 \bigcirc 4 = 4$

❹ $4 \bigcirc 4 \bigcirc 4 \bigcirc 4 = 5$

❺ $4 \bigcirc 4 \bigcirc 4 \bigcirc 4 = 6$

❻ $4 \bigcirc 4 \bigcirc 4 \bigcirc 4 = 7$

❼ $4 \bigcirc 4 \bigcirc 4 \bigcirc 4 = 8$

❽ $4 \bigcirc 4 \bigcirc 4 \bigcirc 4 = 9$

포나인즈

● 4개의 6과 연산 기호를 이용하여 여러 가지 방법으로 혼합 계산식을 만든 것입니다. 계산 결과를 구하시오.

$(6 + 6 - 6) \div 6 = \boxed{1}$

❶ $66 \div 66 = \boxed{}$

❷ $(6 \div 6) + (6 \div 6) = \boxed{}$

❸ $(6 + 6 + 6) \div 6 = \boxed{}$

❹ $6 - (6 + 6) \div 6 = \boxed{}$

❺ $(6 \times 6 - 6) \div 6 = \boxed{}$

❻ $66 \div 6 - 6 = \boxed{}$

❼ $6 + (6 - 6) \times 6 = \boxed{}$

❽ $(6 \times 6 + 6) \div 6 = \boxed{}$

❾ $(6 + 6) \div 6 + 6 = \boxed{}$

❿ $(66 - 6) \div 6 = \boxed{}$

⓫ $6 + 6 - 6 \div 6 = \boxed{}$

⓬ $(6 \times 6) \div 6 + 6 = \boxed{}$

⓭ $6 + 6 \times (6 \div 6) = \boxed{}$

✥ **4**개의 **9**와 연산 기호를 사용하여 계산 결과에 맞는 여러 가지 혼합 계산식을 만드시오.(연산을 중복해서 사용해도 되고 (   )를 사용해도 됩니다. 여러 가지 방법이 있습니다.)

$$(9 \div 9) \times (9 \div 9) \quad = 1$$

❶ _____ $= 2$

❷ _____ $= 3$

❸ _____ $= 7$

❹ _____ $= 8$

❺ _____ $= 9$

❻ _____ $= 10$

❼ _____ $= 11$

❽ _____ $= 12$

월 　 일

1 보기와 같이 같은 숫자를 **4**번 사용하여 계산 결과가 **3**이 되는 혼합 계산식을 만드시오. 여러 가지 방법이 있습니다.

$$(4+4+4) \div 4 = 3$$

❶ 　7　7　7　7　=3

❷ 　9　9　9　9　=3

2 수 사이에 알맞은 연산을 써넣어 계산 결과가 **1**에서 **7**까지의 수가 되는 혼합 계산식을 완성하시오.(연산을 중복해서 사용해도 되고 (　　)를 사용해도 됩니다. 여러 가지 방법이 있습니다.)

3　2　1　=1　　　　3　2　1　=2

3　2　1　=3　　　　3　2　1　=4

3　2　1　=5　　　　3　2　1　=6

3　2　1　=7

3 ○ 안에 알맞은 연산을 써넣어 혼합 계산식을 완성하시오.(연산을 중복해서 사용해도 되고 (　　)를 사용해도 됩니다. 여러 가지 방법이 있습니다.)

3 ◯ 3 ◯ 3 ◯ 3 ◯ 3 　=10

8 괄호가 있는 혼합 계산

계산 순서

● □ 안에 알맞은 수를 써넣으시오.

$\{2+(12-3)\times 4\}\div 2 = \boxed{19}$

$\boxed{9}$

$\boxed{36}$

$\boxed{38}$

$\boxed{19}$

❶ $3\times\{(36-12)\div 4+7\} = \boxed{}$

$\boxed{}$

$\boxed{}$

$\boxed{}$

$\boxed{}$

❷ $36\div\{2\times(9-3)\}+11 = \boxed{}$

$\boxed{}$

$\boxed{}$

$\boxed{}$

$\boxed{}$

✚ 계산 순서에 맞게 화살표에 번호를 쓰고 계산을 하시오.

$$60 \div \{ 5 + (7 - 2) \times 5 \} + 8 = \boxed{10}$$

④ ③ ① ② ⑤

❶ $7 \times 5 - \{ 3 + (15 - 5) \div 2 \} = \boxed{}$

$\bigcirc$ $\bigcirc$ $\bigcirc$ $\bigcirc$ $\bigcirc$

❷ $(21 - 5) \div 8 \times \{ 13 - (2 + 5) + 3 \} = \boxed{}$

$\bigcirc$ $\bigcirc$ $\bigcirc$ $\bigcirc$ $\bigcirc$ $\bigcirc$

❸ $6 + 45 \div \{ 3 + (8 - 5) \times 2 \} - 2 = \boxed{}$

$\bigcirc$ $\bigcirc$ $\bigcirc$ $\bigcirc$ $\bigcirc$ $\bigcirc$

❹ $\{ 7 - (8 - 2) \} \times 4 \div (7 - 5) + 6 = \boxed{}$

$\bigcirc$ $\bigcirc$ $\bigcirc$ $\bigcirc$ $\bigcirc$ $\bigcirc$

대소 비교

◑ 계산을 하고 결과를 비교하여 ◯ 안에 >, =, <를 알맞게 써넣으시오.

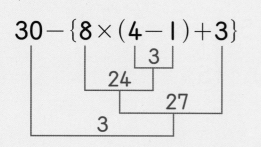

$30 - \{8 \times (4-1) + 3\}$ < $3 + \{(15-8) \div 7 \times 3\}$

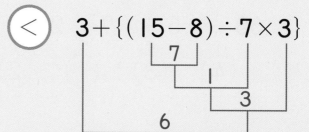

❶ $32 - \{8 \times (6-4) + 2\}$ ◯ $14 + \{(41-5) \div 4 - 9\}$

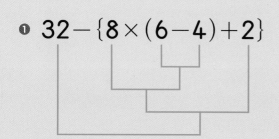
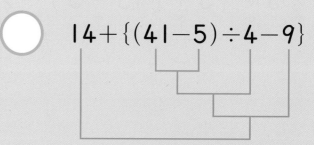

❷ $15 + \{(5-3) \times 3\} + 4$ ◯ $4 \times \{(25-19) \div 3\} + 10$

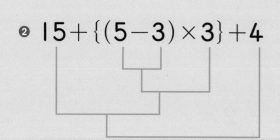
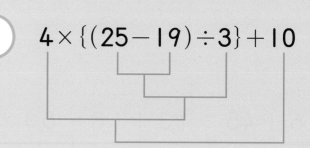

❸ $95 - \{32 + (42-7) \div 5\}$ ◯ $41 - 36 \div \{(7+8) - (6+6)\}$

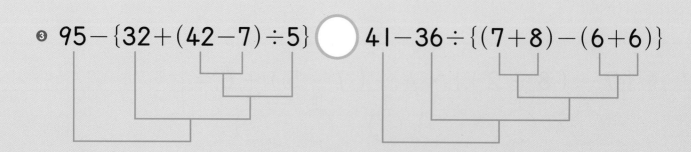

✚ 계산 순서를 나타내고 결과를 비교하여 ○ 안에 >, =, <를 알맞게 써넣으시오.

$$23-\{7\times(4+2)\div3\} \;\boxed{<}\; \{(11-3)\div4+2\}\times3$$

왼쪽: 6, 42, 14, 9
오른쪽: 8, 2, 4, 12

❶ $\{15-(14-5)\}\times2$ ◯ $36\div\{12-(9-3)\}$

❷ $20-\{8\times(4-2)\}+3$ ◯ $9+\{(22-15)\div7\times5\}$

❸ $35-\{8\times(5-3)\times2\}$ ◯ $\{10-16\div(6-2)\}\times3$

괄호 넣기

● 소괄호 (   )와 중괄호 {   }를 여러 가지 방법으로 넣었습니다. 계산하여 □ 안에 알맞은 수를 써넣으시오.

$$60 - 36 \div 3 \times 2 + 1 = \boxed{37}$$
$$60 - 36 \div 3 \times (2 + 1) = \boxed{24}$$
$$60 - 36 \div \{3 \times (2 + 1)\} = \boxed{56}$$

❶
$$3 \times 8 + 4 \div 2 - 5 = \boxed{}$$
$$3 \times (8 + 4) \div 2 - 5 = \boxed{}$$
$$3 \times \{(8 + 4) \div 2 - 5\} = \boxed{}$$

❷
$$9 + 21 - 14 \div 7 \times 3 = \boxed{}$$
$$9 + (21 - 14) \div 7 \times 3 = \boxed{}$$
$$\{9 + (21 - 14) \div 7\} \times 3 = \boxed{}$$

❸
$$90 - 30 \times 2 - 22 + 26 \div 2 = \boxed{}$$
$$90 - 30 \times 2 - (22 + 26) \div 2 = \boxed{}$$
$$90 - \{30 \times 2 - (22 + 26) \div 2\} = \boxed{}$$

✚ 계산 결과에 맞게 (   )를 한 번 넣으시오.

$$29 - (5 + 2) \times 4 = 1$$

❶ $15 + 18 - 8 \div 2 = 20$

❷ $15 - 2 + 7 = 6$

❸ $3 \times 7 - 2 + 3 = 16$

❹ $4 + 8 \div 2 = 6$

❺ $3 + 2 \times 8 - 5 = 35$

✚ 계산 결과에 맞게 {   }를 한 번 넣으시오.

$$\{1 + (14 - 5) \times 3\} \div 7 = 4$$

❻ $25 - (2 + 3) \times 4 - 2 = 7$

❼ $8 \times 24 \div (3 + 1) - 2 = 32$

❽ $2 \times 15 - (5 - 3) + 4 = 30$

가장 크게 가장 작게

❶ 계산을 하고 계산 결과가 가장 큰 식에 ◯표 하시오.

$$64 \div (8 \div 4) \div 2 = \boxed{16}$$

$$64 \div 8 \div (4 \div 2) = \boxed{4}$$

$$\boxed{64 \div (8 \div 4 \div 2) = \boxed{64}}$$

❶

$$32 - (16 - 8) - 4 = \boxed{}$$

$$32 - 16 - (8 - 4) = \boxed{}$$

$$32 - (16 - 8 - 4) = \boxed{}$$

❷

$$6 + 3 \times 4 - 3 = \boxed{}$$

$$(6 + 3) \times 4 - 3 = \boxed{}$$

$$6 + 3 \times (4 - 3) = \boxed{}$$

❸

$$18 + 12 - 5 \times 2 = \boxed{}$$

$$18 + (12 - 5) \times 2 = \boxed{}$$

$$(18 + 12 - 5) \times 2 = \boxed{}$$

✛ 계산 결과가 가장 큰 값이 나오도록 ( )를 한 번 넣고 계산하시오.

$$27 + (9 \div 3) + 6 = \boxed{36}$$

❶ $35 - 12 - 6 - 4 = \Box$

❷ $34 \div 4 \div 2 + 2 = \Box$

❸ $24 + 12 - 3 \times 2 = \Box$

✛ 계산 결과가 가장 작은 값이 나오도록 ( )를 한 번 넣고 계산하시오.

$$32 \div (8 \times 2) - 1 = \boxed{1}$$

❹ $7 + 5 \times 3 - 2 = \Box$

❺ $7 \times 7 + 3 - 5 = \Box$

❻ $35 - 13 + 7 - 4 = \Box$

1 계산 순서에 맞게 기호를 쓰시오.

$$80 \div \{25 - (12 + 3) \times 2\}$$

⬆   ⬆   ⬆   ⬆
㉠   ㉡   ㉢   ㉣

2 ☐ 안에 알맞은 수를 써넣으시오.

$$72 \div \{29 + (\boxed{} + 7) \div 7\} = 2$$

3 다음 중 ( )를 빼도 계산 결과가 같은 것을 모두 고르시오.

㉠ $30 - (15 - 12)$ ㉡ $108 \div (18 \div 6)$

㉢ $24 + (15 + 6) - 4$ ㉣ $6 \times (15 - 4) - 7$

㉤ $5 \times (7 \times 3) + 2$

MEMO

쎈교실

정답 및 해설
Guide Book

초등4 2호
융합 계산

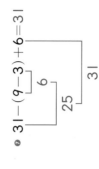

673 순서대로 계산하기

● □ 안에 알맞은 수를 써넣으시오.

27-(6+9)= 12
15
12

② 24+8-13= 19
32
19

④ 32+8+11= 51
40
51

⑥ 29-(12+9)= 8
21
8

① 63-8+11= 66
55
66

③ 27-(16-7)= 18
9
18

⑤ 32-13-11= 8
19
8

⑦ 18-(12-9)= 15
3
15

덧셈과 뺄셈이 섞여 있는 식은 앞에서부터 차례로 계산합니다. ( )가 섞여 있는 식은 ( ) 안을 먼저 계산합니다.

❸ 계산 순서를 나타내고 계산하시오.

36-(18-12)+4=34
6
30
34

① 26+9-(13+4)=18
35
17
18

③ 36-24+9+15=36
12
21
36

⑤ 19+17-(15-4)=25
36
11
25

⑦ 31-(9-3)+6=31
6
25
31

② 18+3-12+24=33
21
9
33

④ 25-(13-7)+4=23
6
19
23

⑥ 16+8-11+5=18
24
13
18

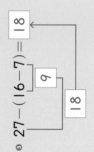
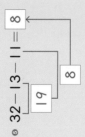
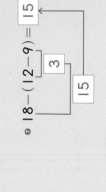

① 주차

674 식 세워 계산하기

● 문장에 맞게 식을 세운 것입니다. □ 안에 알맞은 수를 써넣고 계산하시오.

24에서 7과 3의 합을 뺀 수

$24 - (\boxed{7} + \boxed{3}) = \boxed{14}$

❶ 15에 7을 더하고 6을 뺀 수

$\boxed{15} + \boxed{7} - \boxed{6} = \boxed{16}$

❷ 21과 7의 차에 15를 더한 수

$\boxed{21} - \boxed{7} + \boxed{15} = \boxed{29}$

❸ 18에서 12와 9의 차를 뺀 수

$\boxed{18} - (\boxed{12} - \boxed{9}) = \boxed{15}$

❹ 28에서 12를 빼고 7을 더한 수

$\boxed{28} - \boxed{12} + \boxed{7} = \boxed{23}$

❺ 25에서 11과 5의 합을 뺀 수

$\boxed{25} - (\boxed{11} + \boxed{5}) = \boxed{9}$

❻ 42에서 8을 빼고 13을 더한 수

$\boxed{42} - \boxed{8} + \boxed{13} = \boxed{47}$

● 문장에서 먼저 계산해야 ⊕ 식을 세우고 계산하시오.
하는 식을 찾아 ( )로 묶어서 나타냅니다.

25에 12와 9의 차를 더한 수

$25 + (12 - 9) = 28$

❶ 17에서 7과 6의 합을 뺀 수

$17 - (7 + 6) = 4$

❷ 21과 7의 차에 8을 더한 수

$21 - 7 + 8 = 22$

❸ 15에 8을 더하고 11을 뺀 수

$15 + 8 - 11 = 12$

❹ 23에서 21과 7의 차를 뺀 수

$23 - (21 - 7) = 9$

❺ 22에서 9를 빼고 7을 더한 수

$22 - 9 + 7 = 20$

❻ 35에 10과 8의 차를 더한 수

$35 + (10 - 8) = 37$

675 괄호 넣어 비교하기

● 계산 결과를 쓰고 ( )가 없을 때와 계산 결과가 같은 식이 있으면 ○표 하시오.

$24+3-2+4=29$
$24+3-(2+4)=21$
$24+(3-2)+4=29$ (○)
$24+(3-2+4)=29$ (○)

② $27-14-6-3=4$
$27-14-(6-3)=10$
$27-(14-6)-3=16$
$27-(14-6-3)=22$

③ $19+8+5-3=29$
$19+8+(5-3)=29$ (○)
$19+(8+5)-3=29$ (○)
$19+(8+5-3)=29$ (○)

④ $18+6-3+7=28$
$18+6-(3+7)=14$
$18+(6-3)+7=28$ (○)
$18+(6-3+7)=28$ (○)

⑤ $32-16-8+6=14$
$32-16-(8+6)=2$
$32-(16-8)+6=30$
$32-(16-8+6)=18$

월   일

◆ ( )가 없을 때와 계산 결과가 같은 식이 있으면 ○표 하시오.

① $28+15-10-3$ 30
$28+15-(10-3)$ 36
$28+(15-10)-3$ 30 (○)
$28+(15-10-3)$ 30 (○)

② $23-7+6-4$ 18
$23-7+(6-4)$ 18 (○)
$23-(7+6)-4$ 6
$23-(7+6-4)$ 14

③ $31-12-7+3$ 15
$31-12-(7+3)$ 9
$31-(12-7)+3$ 29
$31-(12-7+3)$ 23

④ $15+11+9-7$ 28
$15+11+(9-7)$ 28 (○)
$15+(11+9)-7$ 28 (○)
$15+(11+9-7)$ 28 (○)

⑤ $22-7+6+2$ 23
$22-7+(6+2)$ 23 (○)
$22-(7+6)+2$ 11
$22-(7+6+2)$ 7

1 주차

676 오사삼이일

● 4, 3, 2, 1 숫자 사이에 +, −를 넣어 2에서 10까지의 짝수를 만든 것입니다. □ 안에 알맞은 수를 써넣으시오.

$$4-3+2-1=\boxed{2}$$

① $4-3+2+1=\boxed{4}$

② $4+3-2+1=\boxed{6}$

③ $4+3+2-1=\boxed{8}$

④ $4+3+2+1=\boxed{10}$

● 5, 4, 3, 2 숫자 사이에 +, −를 넣어 2에서 10까지의 짝수를 만든 것입니다. □ 안에 알맞은 수를 써넣으시오.

$$5-4+3-2=\boxed{2}$$

⑤ $5+4-3-2=\boxed{4}$

⑥ $5-4+3+2=\boxed{6}$

⑦ $5+4-3+2=\boxed{8}$

⑧ $5+4+3-2=\boxed{10}$

● ○ 안에 +, −를 넣어 계산 결과가 1에서 15까지의 홀수가 되도록 만드시오. (연산 기호를 중복해서 사용해도 됩니다. 여러 가지 방법이 있습니다.)

$$5 \;\ominus\; 4 \;\oplus\; 3 \;\ominus\; 2 \;\ominus\; 1 = 1$$

① $5 \;\oplus\; 4 \;\ominus\; 3 \;\ominus\; 2 \;\ominus\; 1 = 3$

② $5 \;\ominus\; 4 \;\oplus\; 3 \;\oplus\; 2 \;\ominus\; 1 = 5$
  ($5-4+3-2+1=3$)

③ $5 \;\ominus\; 4 \;\oplus\; 3 \;\oplus\; 2 \;\oplus\; 1 = 7$
  ($5+4-3+2-1=5$)

④ $5 \;\oplus\; 4 \;\ominus\; 3 \;\oplus\; 2 \;\oplus\; 1 = 9$
  ($5+4+3-2-1=7$)

⑤ $5 \;\oplus\; 4 \;\oplus\; 3 \;\ominus\; 2 \;\oplus\; 1 = 11$
  ($5+4+3-2+1=9$)

⑥ $5 \;\oplus\; 4 \;\oplus\; 3 \;\ominus\; 2 \;\ominus\; 1 = 13$

⑦ $5 \;\oplus\; 4 \;\oplus\; 3 \;\oplus\; 2 \;\oplus\; 1 = 15$

잘 공부했는지 알아봅시다

1 □ 안에 알맞은 수를 써넣으시오.

❶ 31−10+6= 21 +6
= 27

❷ 27−(12−6)=27− 6
= 21

> 덧셈과 뺄셈이 섞여 있는
> 식은 앞에서부터 차례로
> 계산합니다. ( )가 섞여
> 있는 식은 ( ) 안을 먼저
> 계산합니다.

2 보기와 같이 ( )를 넣었을 때 계산 결과가 달라지는 식을 찾아 기호를 쓰시오. ㉡

> 27 − 16 + 3 = 14
> 27 −(16 + 3)= 8

㉠ 15+6+7   ㉡ 15−6−4   ㉢ 19+7−4

㉠ 15+6+7=28   ㉡ 15−6−4=5   ㉢ 19+7−4=22
15+(6+7)=28   15−(6−4)=13   19+(7−4)=22

3 관계 있는 것끼리 선으로 이으시오.

30에서 7을 빼고 3을 더한 수 ———— 30 −(7 + 3)

30에 7과 3의 차를 더한 수 ———— 30 +(7 − 3)

30에서 7과 3의 합을 뺀 수 ———— 30 − 7 + 3

30에서 7과 3의 차를 뺀 수 ———— 30 −(7 − 3)

1 주차

②주차

P. 18 ● P. 19

677 순서대로 계산하기

● □ 안에 알맞은 수를 써넣으시오.

$28 \div (8 \div 4) = 14$ 2, 14

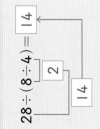

① $8 \times 5 \div 4 = 10$ 40, 10

② $36 \div (2 \times 3) = 6$ 6, 6

③ $72 \div 9 \times 3 = 24$ 8, 24

④ $9 \times 14 \div 6 = 21$ 126, 21

⑤ $5 \times 3 \times 2 = 30$ 15, 30

⑥ $72 \div 8 \div 3 = 3$ 9, 3

⑦ $32 \div (16 \div 8) = 16$ 2, 16

● 계산 순서를 나타내고 계산하시오.

곱셈과 나눗셈이 섞여 있는 식은 앞에서부터 차례로 계산합니다. ( )가 섞여 있는 식은 ( )안을 먼저 계산합니다.

$64 \div 8 \div (8 \div 2) = 2$ 8, 4, 2

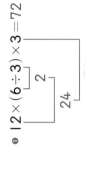

① $12 \times (6 \div 3) \times 3 = 72$ 2, 24, 72

② $8 \times 9 \div 6 \times 2 = 24$ 72, 12, 24

③ $36 \div 6 \times 3 \times 5 = 90$ 6, 18, 90

④ $25 \div (45 \div 9) \times 4 = 20$ 5, 5, 20

⑤ $10 \times 5 \div (35 \div 7) = 10$ 50, 5, 10

⑥ $24 \div 2 \div (12 \div 3) = 3$ 12, 4, 3

⑦ $72 \div (16 \div 2) \times 7 = 63$ 8, 9, 63

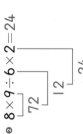

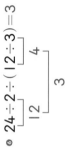
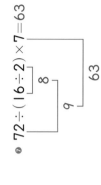
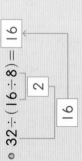

선잇기

678

● 위의 식을 계산하고 두 식의 계산 결과가 같게 ○ 안에 × 또는 ÷를 써넣으시오.

$36 \div 12 \div 3 = \boxed{1}$

$36 \div (12 \, \boxed{\times} \, 3)$

② $12 \times 6 \div 2 = \boxed{36}$

$12 \times (6 \, \boxed{\div} \, 2)$

④ $32 \div 8 \div 2 = \boxed{2}$

$32 \div (8 \, \boxed{\times} \, 2)$

⑥ $18 \times 9 \div 3 = \boxed{54}$

$18 \times (9 \, \boxed{\div} \, 3)$

⑧ $81 \div 9 \div 3 = \boxed{3}$

$81 \div (9 \, \boxed{\times} \, 3)$

① $36 \div 12 \times 3 = \boxed{9}$

$36 \div (12 \, \boxed{\div} \, 3)$

③ $12 \div 6 \times 2 = \boxed{4}$

$12 \div (6 \, \boxed{\div} \, 2)$

⑤ $32 \div 8 \times 2 = \boxed{8}$

$32 \div (8 \, \boxed{\div} \, 2)$

⑦ $18 \div 6 \div 3 = \boxed{1}$

$18 \div (6 \, \boxed{\times} \, 3)$

⑨ $81 \div 9 \times 3 = \boxed{27}$

$81 \div (9 \, \boxed{\div} \, 3)$

● 계산 결과가 같은 것끼리 서로 이으시오.

$8 \quad 24 \div 6 \times 2$	$24 \times (6 \div 2) \quad 72$
$2 \quad 24 \div 6 \div 2$	$24 \div (6 \div 2) \quad 8$
$72 \quad 24 \times 6 \div 2$	$24 \div (6 \times 2) \quad 2$

❶
$192 \quad 96 \times 8 \div 4$	$96 \times (8 \div 4) \quad 192$
$3 \quad 96 \div 8 \div 4$	$96 \div (8 \div 4) \quad 48$
$48 \quad 96 \div 8 \times 4$	$96 \div (8 \times 4) \quad 3$

❷
$162 \quad 54 \times 9 \div 3$	$54 \div (9 \div 3) \quad 18$
$18 \quad 54 \div 9 \times 3$	$54 \div (9 \times 3) \quad 2$
$2 \quad 54 \div 9 \div 3$	$54 \times (9 \div 3) \quad 162$

② 주차

679 네모 안의 수

● □ 안에 알맞은 수에 ○표 하시오.

$24 \div (12 \div \square) = 12$

$(12 \div \square) = \blacktriangle$ 라고 할 때,
$24 \div \blacktriangle = 12$이므로, $\blacktriangle = 2$입니다.
$12 \div \square = 2$이므로 $\square = 6$입니다.

2 3 ⑥

① $25 \div \square \times 9 \div 3 = 15$

$25 \div \square = \blacktriangle$ 라고 할 때,
$\blacktriangle \times 9 \div 3 = 15$이므로,
$\blacktriangle \times 9 = 45$, $\blacktriangle = 5$입니다.
$25 \div \square = 5$이므로 $\square = 5$입니다.

4 ⑤ 6

② $28 \times 6 \div \square = 56$

2 ③ 6

③ $54 \div (3 \times \square) \times 8 = 48$

1 2 ③

④ $64 \div (24 \div \square) = 8$

③ 4 6

⑤ $72 \div 4 \div 9 \times \square = 4$

1 ② 3

⑥ $84 \div \square \times 3 = 36$

6 ⑦ 8

⑦ $\square \times 21 \div 7 \div 4 = 3$

④ 6 8

● □ 안에 알맞은 수를 써넣으시오.

계산 순서를 거꾸로 생각하면 □ 안의 수를 찾을 수 있습니다.

$24 \div (\boxed{4} \times 2) = 3$

$(\square \times 2) = \blacktriangle$ 라고 할 때,
$24 \div \blacktriangle = 3$이므로, $\blacktriangle = 8$입니다.
$\square \times 2 = 8$이므로 $\square = 4$입니다.

② $84 \div \boxed{7} \times 3 = 36$

④ $81 \div (3 \times \boxed{9}) = 3$

⑥ $45 \div 3 \div \boxed{5} = 3$

⑧ $36 \div (\boxed{3} \times 2) = 6$

⑩ $48 \div (2 \times \boxed{8}) = 3$

⑫ $36 \div \boxed{6} \times 4 = 24$

① $12 \times 8 \div (\boxed{4} \times 3) = 8$

$(\square \times 3) = \blacktriangle$ 라고 할 때,
$12 \times 8 \div \blacktriangle = 8, 96 \div \blacktriangle = 8$이므로, $\blacktriangle = 12$입니다.
$\square \times 3 = 12$이므로 $\square = 4$입니다.

③ $7 \times 6 \div 3 \times 2 = 28$

⑤ $12 \div (\boxed{4} \div 2) \times 3 = 18$

⑦ $90 \div (\boxed{5} \times 2) \div 3 = 3$

⑨ $7 \times 12 \times 3 \div \boxed{6} = 42$

⑪ $3 \times 8 \div (\boxed{3} \times 2) = 4$

⑬ $5 \times (48 \div \boxed{4}) = 60$

680 숫자 카드 목표수

숫자 카드를 사용하여 식을 완성하시오. 예시 답안 외에도 계산 결과가 맞으면 정답입니다.

① 1 2 3 4

$$1\ 2 \times 3 \div 4 = 9$$
$$2\ 1 \div 3 \times 4 = 28$$

② 1 2 3 7

$$2\ 1 \div 7 \times 3 = 9$$
$$7 \times (1\ 2 \div 3) = 28$$

③ 2 4 6 7

$$2 \times 6 \div 4 \times 7 = 21$$
$$2\ 4 \div 6 \times 7 = 28$$

④ 1 3 8 9

$$1\ 8 \div 3 \times 9 = 54$$
$$8 \div 1 \times (9 \div 3) = 24$$

⑤ 4 5 6 9

$$5\ 4 \div (6 \times 9) = 1$$
$$4 \times 9 \div 6 \times 5 = 30$$

월 일

조건에 따라 계산 결과가 ● 안의 수가 되는 식을 만드시오. 여러 가지 방법이 있습니다. 예시 답안 외에도 계산 결과가 맞으면 정답입니다.

조건
- 숫자 카드를 모두 한 번씩 사용하고, 숫자 두 개를 붙여서 두 자리 수를 만들 수 있습니다.
- 연산 기호는 ×, ÷를 사용하고, 여러 번 사용해도 됩니다.
- ( )를 사용해도 됩니다.

① 2 3 7 9  24

$$72 \div 9 \times 3 = 24$$

② 2 3 6 8 → 8

$$(8 \div 2) \times (6 \div 3) = 8$$
$$6 \times 8 \div (2 \times 3) = 8$$

③ 3 4 5 6 → 45

$$5 \times 36 \div 4 = 45$$
$$36 \div 4 \times 5 = 45$$

④ 4 5 6 7 → 2

$$56 \div 7 \div 4 = 2$$
$$56 \div 4 \div 7 = 2$$

② 주차

잘 공부했는지 알아봅시다

1 □ 안에 알맞은 수를 써넣으시오.

① $42 \div 6 \times 7 = \boxed{7} \times 7$
$= \boxed{49}$

② $72 \div (16 \div 2) = 72 \div \boxed{8}$
$= \boxed{9}$

③ $12 \times 9 \div (18 \div 3) = 12 \times 9 \div \boxed{6}$
$= \boxed{108} \div 6$
$= \boxed{18}$

곱셈과 나눗셈이 섞여 있는 식은 앞에서부터 차례로 계산합니다. ( )가 섞여 있는 식은 ( ) 안을 먼저 계산합니다.

2 계산 결과가 가장 큰 것에 ○표 하시오.

$144 \div 12 \div (4 \times 3)$ → 1

$\boxed{144 \div (12 \div 4) \times 3}$ → 144

$144 \div 12 \div 4 \times 3$ → 9

3 숫자 카드를 모두 한 번씩 사용하여 식을 완성하시오.

| 3 | 6 | 7 | 9 |

① $\boxed{3}\ \boxed{6} \div \boxed{9} \times \boxed{7} = 28$

② $\boxed{6}\ 3 \div \boxed{9} \times \boxed{7} = 49$

26

681 계산 순서

● 바르게 계산한 것에 ○표 하시오.

①

23-3×6=120
20
120

23-3×6=5
18
5

②
7×6+3=45
42
45

7×6+3=63
9
63

③
32+(2×10)=340
34
340

32+(2×10)=52
20
52

④
6×(7-5)=37
42
37

6×(7-5)=12
2
12

● □ 안에 알맞은 수를 써넣으시오.

덧셈, 뺄셈, 곱셈이 섞여 있는 식은 곱셈부터 먼저 계산합니다. ( )가 섞여 있는 식은 ( ) 안을 먼저 계산합니다.

36-4×7= 8
28
8

① 6×5+15= 45
30
45

③ (6+4)×7= 70
10
70

⑤ 32-6×2= 20

⑦ (9-4)×12= 60

⑨ 7×8+15= 71

② 8×(6-2)= 32
4
32

④ 24+6×3= 42

⑥ 7×(3+8)= 77

⑧ 9×8-12= 60

3 주차

682 화살표 순서

● 화살표에 표시된 번호 순서로 계산하여 □ 안에 알맞은 수를 써넣으시오.

$$42 + 5 \times 4 - 16 = 42 + 20 - 16$$
$$= 62 - 16 = 46$$

① $15 + 6 \times (12-5) = 15 + 6 \times 7$
$$= 15 + 42 = 57$$

② $(5+4) \times 7 - 15 = 9 \times 7 - 15$
$$= 63 - 15 = 48$$

③ $8 \times (13-7) + 3 = 8 \times 6 + 3$
$$= 48 + 3 = 51$$

④ $27 - 6 + 3 \times 8 = 27 - 6 + 24$
$$= 21 + 24 = 45$$

월 일

● 계산 순서에 맞게 화살표에 번호를 쓰고, 번호 순으로 계산하시오.

$$45 - (7+2) \times 4 = 45 - 9 \times 4 = 45 - 36 = 9$$

① $(12-5) \times 7 - 24 = 7 \times 7 - 24 = 49 - 24 = 25$

② $36 - 27 + 3 \times 8 = 36 - 27 + 24 = 9 + 24 = 33$

③ $8 + 7 \times 6 - 13 = 8 + 42 - 13 = 50 - 13 = 37$

④ $12 \times 4 - 16 + 4 = 48 - 16 + 4 = 32 + 4 = 36$

683   식 세워 계산하기

● 문장에 맞게 식을 세운 것입니다. □ 안에 알맞은 수를 써넣으시오.

32와 3과 6의 곱을 더하고 7을 뺀 수

$32 + 3 \times 6 - 7 = 43$

① 4와 5의 곱에서 7을 빼고 21을 더한 수

$4 \times 5 - 7 + 21 = 34$

② 7과 4의 합에 3을 곱하고 8을 뺀 수

$(7 + 4) \times 3 - 8 = 25$

③ 6에 8과 3의 차를 곱하고 16을 더한 수

$6 \times (8 - 3) + 16 = 46$

④ 28에서 5와 3의 곱을 빼고 12를 더한 수

$28 - 5 \times 3 + 12 = 25$

● 식을 세우고 계산하시오.

문장에서 먼저 계산해야 하는 식이 덧셈식이거나 뺄셈식인 경우 ( )로 묶 여서 나타냅니다.

5와 4의 합에 7을 곱하고 16을 뺀 수

$(5 + 4) \times 7 - 16 = 47$

① 9에 7과 5의 차를 곱하고 4를 뺀 수

$9 \times (7 - 5) - 4 = 14$

② 28에 6과 7의 곱을 더하고 18을 뺀 수

$28 + 6 \times 7 - 18 = 52$

③ 10과 7의 곱에서 30을 빼고 6을 더한 수

$10 \times 7 - 30 + 6 = 46$

④ 11과 8의 차에 10을 곱하고 4를 더한 수

$(11 - 8) \times 10 + 4 = 34$

⑤ 32에서 6과 3의 곱을 빼고 15를 더한 수

$32 - 6 \times 3 + 15 = 29$

684　화살표 식

● 화살표를 사용한 식을 등호가 있는 하나의 식으로 고쳐 쓴 것입니다. □ 안에 알맞은 수를 써넣고 등호가 있는 식에 ( )를 바르게 넣으시오.

①

$16 \xrightarrow{-6} 10 \xrightarrow{\times 2} 20 \xrightarrow{+8} 28 = 28$

$(16 - 6) \times 2 + 8 = 28$

②

$8 \xrightarrow{+10} 18 \xrightarrow{-6} 12 \xrightarrow{\times 5} 60 = 60$

$(8 + 10 - 6) \times 5 = 60$

③

$8 \xrightarrow{+4} 12 \xrightarrow{\times 3} 36 \xrightarrow{-15} 21 = 21$

$(8 + 4) \times 3 - 15 = 21$

④

$15 \xrightarrow{-7} 8 \xrightarrow{+4} 12 \xrightarrow{\times 3} 36 = 36$

$(15 - 7 + 4) \times 3 = 36$

월　일

● 화살표를 사용한 식을 완성하고, 등호가 있는 하나의 식으로 나타내시오.

먼저 계산해야 하는 식이 덧셈식이거나 뺄셈식인 경우 ( )로 묶어서 나타냅니다. ( ) 안에 연산이 이 여러 번 들어갈 수 있습니다.

$26 \xrightarrow{-16} 10 \xrightarrow{+3} 13 \xrightarrow{\times 2} 26$

$(26 - 16 + 3) \times 2 = 26$

①

$7 \xrightarrow{+8} 15 \xrightarrow{\times 3} 45 \xrightarrow{-17} 28$

$(7 + 8) \times 3 - 17 = 28$

②

$19 \xrightarrow{+3} 22 \xrightarrow{-4} 18 \xrightarrow{\times 3} 54$

$(19 + 3 - 4) \times 3 = 54$

③

$15 \xrightarrow{-7} 8 \xrightarrow{\times 8} 64 \xrightarrow{-21} 43$

$(15 - 7) \times 8 - 21 = 43$

④

$3 \xrightarrow{\times 8} 24 \xrightarrow{-4} 20 \xrightarrow{\times 2} 40$

$(3 \times 8 - 4) \times 2 = 40$

잘 공부했는지 알아봅시다

1 가장 먼저 계산해야 할 것에 ○표 하고 계산하시오.

덧셈, 뺄셈, 곱셈이 섞여 있는 식은 곱셈부터 먼저 계산합니다. ( )가 섞여 있는 식은 ( ) 안을 먼저 계산 합니다.

❶ 43 + 4 (×) 7 — 12 = 59

❷ 15 + 5 × (11 (—) 6) = 40

2 식이 성립하도록 ○ 안에 +, —, ×를 써넣으시오.

8 (×) (3 (+) 2) (—) 7 = 33

5

40

33

3 다음을 구하시오. 31

49에서 5와 7의 곱을 빼고 17을 더한 수

49—5×7+17=31

4 계산 결과를 비교하여 ○ 안에 >, =, <를 알맞게 써넣으시오.

❶ 36—7×(2+1) (<) 36—7×2+1

15   23

❷ 16+15—4×3 (<) 16+(15—4)×3

19   49

④ 주차

685 화살표 계산 순서

월 일

● 화살표에 표시된 번호 순으로 계산하여 □ 안에 알맞은 수를 써넣으시오.

$51-48\div3=51-\boxed{16}$
$=\boxed{35}$

① $27\div9+15=\boxed{3}+15$
$=\boxed{18}$

② $15+35\div7=15+\boxed{5}$
$=\boxed{20}$

③ $(24+8)\div4=\boxed{32}\div4$
$=\boxed{8}$

④ $(36-12)\div8=\boxed{24}\div8$
$=\boxed{3}$

⑤ $32-24\div12=32-\boxed{2}$
$=\boxed{30}$

⑥ $27+36\div9=27+\boxed{4}$
$=\boxed{31}$

⑦ $(28+16)\div4=\boxed{44}\div4$
$=\boxed{11}$

⑧ $(45-27)\div3=\boxed{18}\div3$
$=\boxed{6}$

⑨ $30+56\div2=30+\boxed{28}$
$=\boxed{58}$

덧셈, 뺄셈, 나눗셈이 섞여 있는 식은 나눗셈부터 먼저 계산합니다. ( )가 섞여 있는 식은 ( )안을 먼저 계산합니다.

● 화살표에 표시된 번호 순으로 계산하여 □ 안에 알맞은 수를 써넣으시오.

$9+16\div2-5=9+\boxed{8}-5=\boxed{17}-5=\boxed{12}$

① $24\div(6-3)+15=24\div\boxed{3}+15=\boxed{8}+15=\boxed{23}$

② $36+(24-12)\div3=36+\boxed{12}\div3=36+\boxed{4}=\boxed{40}$

③ $23+(38-14)\div6=23+\boxed{24}\div6=23+\boxed{4}=\boxed{27}$

④ $75-9+56\div14=75-9+\boxed{4}=\boxed{66}+4=\boxed{70}$

⑤ $3+48\div4-5=3+\boxed{12}-5=\boxed{15}-5=\boxed{10}$

686 괄호 넣기

● ( )를 여러 가지 방법으로 넣었습니다. □ 안에 알맞은 수를 써넣으시오.

$36 - 12 \div 4 + 2 = \boxed{35}$

$(36 - 12) \div 4 + 2 = \boxed{8}$

$36 - 12 \div (4 + 2) = \boxed{34}$

$36 - (12 \div 4 + 2) = \boxed{31}$

❶
$54 - 18 \div 6 + 3 = \boxed{54}$

$(54 - 18) \div 6 + 3 = \boxed{9}$

$54 - 18 \div (6 + 3) = \boxed{52}$

$54 - (18 \div 6 + 3) = \boxed{48}$

❷
$20 + 15 \div 5 - 2 = \boxed{21}$

$(20 + 15) \div 5 - 2 = \boxed{5}$

$20 + 15 \div (5 - 2) = \boxed{25}$

$20 + (15 \div 5 - 2) = \boxed{21}$

● 계산 결과에 맞게 ( )를 넣으시오.

$27 \div (6 - 3) + 7 = 16$

❶ $(24 + 16) \div 4 - 3 = 7$

❷ $(36 - 27) \div 3 + 15 = 18$

❸ $(30 + 56) \div 2 - 21 = 22$

❹ $14 - (20 \div 5 + 3) = 7$

❺ $75 - (27 + 29) \div 14 = 71$

❻ $80 \div (8 + 8) + 3 = 8$

❼ $26 - (36 \div 6 + 15) = 5$

❽ $(7 + 5) \div 2 + 13 = 19$

❾ $8 + (41 - 11) \div 15 = 10$

687   약속

● 약속에 맞게 계산한 것입니다. □ 안에 알맞은 수를 써넣으시오.

약속 ■ ● = (■ + ●) ÷ (■ − ●)

$$12 \bullet 6 = (12 + 6) \div (12 - 6)$$
$$= 18 \div (12 - 6)$$
$$= 18 \div 6 = 3$$

① $11 \bullet 9$
$$= (11 + 9) \div (11 - 9)$$
$$= 20 \div (11 - 9)$$
$$= 20 \div 2 = 10$$

약속 ● ● = ■ + ■ ÷ ● − ●

② $42 \bullet 7$
$$= 42 + 42 \div 7 - 7$$
$$= 42 + 6 - 7$$
$$= 48 - 7 = 41$$

③ $36 \bullet 4$
$$= 36 + 36 \div 4 - 4$$
$$= 36 + 9 - 4$$
$$= 45 - 4 = 41$$

● 약속에 맞게 식을 쓰고 계산하시오.

약속 ■ △ ● = ■ + ● − ■ ÷ ●

$$18 \triangle 6 = 18 + 6 - 18 \div 6$$
$$= 21$$

① $30 \triangle 5 = 30 + 5 - 30 \div 5$
$$= 29$$

약속 ■ ● ● = (■ + ●) ÷ (■ − ●)

② $21 \bullet 7 = (21 + 7) \div (21 - 7)$
$$= 2$$

③ $15 \bullet 9 = (15 + 9) \div (15 - 9)$
$$= 4$$

약속 ■ ◇ ● = (■ + ■ − ●) ÷ ●

④ $38 \diamond 4 = (38 + 38 - 4) \div 4$
$$= 18$$

⑤ $42 \diamond 3 = (42 + 42 - 3) \div 3$
$$= 27$$

688 숫자 카드 목표 수

● 숫자 카드를 모두 한 번씩 사용하여 식을 완성하시오. 예시 답안 외에도 계산 결과가 맞으면 정답입니다.

[2] [4] [7] [8]

❶ $2\ 8 \div 4 + 7 = 14$

$7 + 8 \div (4 - 2) = 11$

[1] [2] [4] [6]

❷ $1 + 4\ 6 \div 2 = 24$

$(1\ 6 + 4) \div 2 = 10$
$\underbrace{(14 + 6)} \div 2 = 10$

[3] [5] [6] [9]

❸ $(9 + 6) \div 3 + 5 = 10$

$5 - 3\ 6 \div 9 = 1$

[1] [5] [7] [8]

$(5\ 7 - 1) \div 8 = 7$

$(1 + 5 + 8) \div 7 = 2$

[2] [3] [4] [9]

$\boxed{2\ 4} \div 3 + \boxed{9} = 17$

$3\ 2 \div 4 + 9 = 17$

$(3 + 9) \div 4 - 2 = 1$

44

● 숫자 카드를 모두 한 번씩 사용하고, 숫자 두 개를 붙여서 두 자리 수를 만들 수 있습니다. 조건에 따라 계산 결과가 ● 안의 수가 되는 식을 만드시오. 여러 가지 방법이 있습니다. 예시 답안 외에도 계산 결과가 맞으면 정답입니다.

조건
- 숫자 카드를 모두 한 번씩 사용하고, 숫자 두 개를 붙여서 두 자리 수를 만들 수 있습니다.
- 연산 기호는 +, -, ÷를 사용하고, 여러 번 사용해도 됩니다.
- ( )를 사용해도 됩니다.

13

[2] [3] [4] [5]

❷ $24 \div 3 + 5 = 13$

7

[1] [2] [4] [9]

❶ $(29 - 1) \div 4 = 7$
$9 - 4 \div 2 \div 1 = 7$

11

[3] [5] [6] [8]

$5 + 8 - 6 \div 3 = 11$

8

[1] [4] [6] [7]

❸ $(41 + 7) \div 6 = 8$
$14 \div 7 + 6 = 8$

4주차

잘 공부했는지 알아봅시다

월 일

1 계산 순서에 맞게 기호를 쓰고, 계산을 하시오.

① 36−12÷(4+2)

순서: ㄷ, ㄴ, ㄱ 답: 34

② (20+15)÷5−2

순서: ㄱ, ㄴ, ㄷ 답: 5

덧셈, 뺄셈, 나눗셈이 섞여 있는 식은 나눗셈
부터 먼저 계산합니다. ( )가 섞여 있는 식은
( )안을 먼저 계산합니다.

2 다음과 같이 약속할 때 12▼4의 계산식과 답을 구하시오.

$$6▼3=(6+3)÷(6−3)$$

식: $(12+4)÷(12−4)=2$ 답: 2

(27−15)÷7+7=12÷□+7=11
12÷□=▲라고 할 때,
▲+7=11이므로, ▲=4입니다.
12÷□=4이므로, □=3입니다.

9+□=▲라고 할 때,
15−▲÷5=11이므로,
▲÷5=4, ▲=20입니다.
9+□=20이므로, □=11입니다.

3 □안에 알맞은 수를 써넣으시오.

① (27−15)÷ 3 +7=11

② 15−(9+ 11)÷5=11

689 계산 방법

● 계산 방법을 나타낸 것입니다. □ 안에 알맞은 수를 써넣으시오.

$18+3×2-14÷7=$ 22

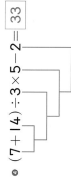

① $42-36÷3×2+7=$ 25

② $(25-10)÷3+7×2=$ 19

③ $75÷5+3×(5-2)=$ 24

④ $(15+25)÷8×3-10=$ 5

⑤ $35÷7×2-10+5=$ 5

⑥ $7×6+(15-3)÷4=$ 45

⑦ $3×(5+2)÷7+4=$ 7

● 계산 순서를 나타내고 계산하시오.

덧셈, 뺄셈, 곱셈, 나눗셈이 섞여 있는 식은 곱셈과 나눗셈을 먼저 계산합니다. ( )가 섞여 있는 식은 ( ) 안을 먼저 계산합니다.

$7×6+64÷(8-4)=$ 58

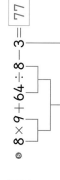

① $34÷2×3-12+7=$ 46

② $27÷(9-6)×4+5=$ 41

③ $5+4×7-16÷4=$ 29

④ $(7+14)÷3×5-2=$ 33

⑤ $8×9+64÷8-3=$ 77

⑥ $(35-17)÷6+4×3=$ 15

⑦ $16-(2+8)×4÷5=$ 8

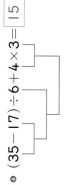

690   괄호 넣기

● ( )를 여러 가지 방법으로 넣었습니다. 계산하여 □ 안에 알맞은 수를 써넣으시오.

$2 \times 15 - 5 + 10 \div 5 = \boxed{27}$

$2 \times (15 - 5) + 10 \div 5 = \boxed{22}$

$2 \times (15 - 5 + 10) \div 5 = \boxed{8}$

$2 \times 15 - (5 + 10 \div 5) = \boxed{23}$

❶
$40 - 3 \times 12 \div 4 + 2 = \boxed{33}$

$40 - 3 \times 12 \div (4 + 2) = \boxed{34}$

$40 - 3 \times (12 \div 4 + 2) = \boxed{25}$

$(40 - 3) \times 12 \div 4 + 2 = \boxed{113}$

❷
$15 - 3 + 2 \times 6 \div 3 = \boxed{16}$

$15 - (3 + 2) \times 6 \div 3 = \boxed{5}$

$(15 - 3 + 2) \times 6 \div 3 = \boxed{28}$

$15 - (3 + 2 \times 6) \div 3 = \boxed{10}$

● 계산 결과에 맞게 ( )를 넣으시오.

$15 + 24 \div (3 + 5) - 2 = 16$

$15 + 24 \div (3 + 5 - 2) = 19$

$(15 + 24) \div 3 + 5 - 2 = 16$

❶
$15 - 2 + 6 \div (2 \times 3) = 14$

$15 - (2 + 6) \div 2 \times 3 = 3$

$15 - (2 + 6 \div 2) \times 3 = 0$

❷
$6 + 30 \div (3 \times 5) - 2 = 6$

$(6 + 30) \div 3 \times 5 - 2 = 58$

$(6 + 30 \div 3) \times 5 - 2 = 78$

❸
$36 \div (12 - 6 + 3 \times 4) = 2$

$36 \div (12 - 6 + 3) \times 4 = 16$

$36 \div (12 - 6) + 3 \times 4 = 18$

❹
$5 + 4 \times (11 - 8) \div 2 = 11$

$5 + (4 \times 11 - 8) \div 2 = 23$

$(5 + 4) \times 11 - 8 \div 2 = 95$

691 연산 기호 넣기

● 식이 성립하도록 ○ 안에 왼쪽 연산 기호를 한 번씩 써넣으시오.

$4 (+) 8 (-) 3 (\times) 2 = 6$ $\boxed{+ \quad - \quad \times}$

① $12 (+) 9 (\div) 3 (+) 5 = 14$ $\boxed{+ \quad - \quad \div}$

② $15 (+) 5 (\times) 3 (+) 2 = 11$ $\boxed{+ \quad \times \quad \div}$

③ $24 (-) 12 (\times) 3 (\div) 4 = 15$ $\boxed{\times \quad - \quad \div}$

④ $24 (-) 3 (\times) 6 (+) 5 = 11$ $\boxed{+ \quad - \quad \times}$

⑤ $18 (\div) 6 (+) 9 (-) 3 = 9$ $\boxed{+ \quad - \quad \div}$

⑥ $36 (-) 18 (\div) 2 (+) 1 = 28$ $\boxed{+ \quad \div \quad -}$

● 식이 성립하도록 ○ 안에 $+, -, \times, \div$ 를 한 번씩 써넣으시오.

수 사이에 연산 기호를 넣은 후 계산 순서에 맞게 계산해야 하는 것에 주의해야 합니다.

$7 (+) 4 (\times) 9 (\div) 3 (-) 5 = 14$

① $1 (+) 6 (\div) 2 (\times) 3 (-) 4 = 6$

② $(8 (+) 7) (-) 6 (\div) 5 (-) 4 = 14$

③ $7 (\times) 6 (-) (5 (+) 4) (\div) 3 = 39$

④ $15 (\div) 5 (-) (7 (-) 3) (+) 4 = 19$

⑤ $20 (-) 12 (\div) 3 (\times) 4 (+) 5 = 9$

⑥ $11 (-) (7 (\times) 6 (+) 3) (\div) 9 = 6$

⑤ 주차

P. 54 ● P. 55

692 일이삼사오

● 1에서 5까지의 숫자 카드를 한 번씩 사용하여 계산 결과에 맞는 혼합 계산식을 만드시오.

1 2 3 4 5

① $4 \times 2 + 3 - (5 \div 1) = 6$

② $3 \times 2 + (5 - 1) \div 4 = 7$
2×3+(5-4)÷1=7

③ $4 \div 1 + (5 - 3) \times 2 = 8$

④ $3 \times 4 - 5 \div 1 + 2 = 9$
5×2-4÷1+3=9

⑤ $2 \times 4 + 5 \div 1 - 3 = 10$

월 일

● 숫자 카드와 $+, -, \times, \div$ 를 모두 한 번씩만 사용하여 계산 결과에 맞는 혼합 계산식을 만드시오. 여러 가지 방법이 있습니다.

1 2 3 4 5

① $5 - (2+1) \div 3 \times 4 = 1$

② $4 \div 2 \times 3 - 5 + 1 = 2$

③ $5 - (1+3) \div 4 \times 2 = 3$
(1+3)×4÷2-5

④ $4 \div 2 \times 1 + 5 - 3 = 4$

⑤ $(5-4) \div 1 \times 3 + 2 = 5$
(5-2)×1÷3+4
(4+5)÷3×2-1

잘 공부했는지 알아봅시다

월 일

1 계산 순서를 나타내고 계산하시오.

$$15+(10-4)\times3\div6=\boxed{18}$$

덧셈, 뺄셈, 곱셈, 나눗셈이 섞여 있는 식은
곱셈과 나눗셈을 먼저 계산합니다. ( )가
섞여 있는 식은 ( )안을 먼저 계산합니다.

2 ( )를 빼도 계산 결과가 같은 것을 고르시오. ㉢

㉠ $15+24\div(3+5)$ ㉡ $2\times(15-5)+10$

㉢ $3+(2\times6)\div3$ ㉣ $(40-3)\times4\div2$

㉠ $15+24\div(3+5)=18$ ㉡ $2\times(15-5)+10=30$
  $15+24\div\ 3+5=28$ $2\times\ 15-5\ +10=35$
㉢ $3+(2\times6)\div3=7$ ㉣ $(40-3)\times4\div2=74$
  $3+\ 2\times6\ \div3=7$ $40-3\ \times4\div2=34$

3 식이 성립하도록 ○ 안에 +, −, ×, ÷를 한 번씩만 넣으시오.

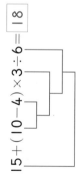

① $5\times4+3-2\div1=21$

② $5+4-3\times2\div1=3$

⑥ 주차

약속

693

● 약속에 맞게 계산한 것입니다. □ 안에 알맞은 수를 써넣으시오.

약속 ● = ■ × ● − ■ ÷ ●

$18 ● 3$
$= 18 × 3 − \boxed{18 ÷ 3}$
$= \boxed{54} − 18 ÷ 3$
$= 54 − \boxed{6}$
$= \boxed{48}$

② $10 ● 5$

약속 ● = ■ × ● ÷ (● − ●)

$= 10 × 5 ÷ (10 − \boxed{5})$
$= 10 × 5 ÷ \boxed{5}$
$= \boxed{50 ÷ 5}$
$= \boxed{10}$

① $24 ● 2$
$= 24 × 2 − \boxed{24 ÷ 2}$
$= \boxed{48} − 24 ÷ 2$
$= 48 − \boxed{12}$
$= \boxed{36}$

③ $12 ● 6$
$= 12 × 6 ÷ (12 − \boxed{6})$
$= 12 × 6 ÷ \boxed{6}$
$= \boxed{72 ÷ 6}$
$= \boxed{12}$

● 약속에 맞게 식을 쓰고 계산하시오.

약속 ▲ = ■ × ● + ● ÷ ●

$9 ▲ 3 = \underline{9 × 3 + 9 ÷ 3}$
$= \underline{30}$

약속 ▽ = ■ × ● ÷ (● + ●)

② $6 ▽ 3 = \underline{6 × 3 ÷ (6 + 3)}$
$= \underline{2}$

약속 ◇ = ■ × (● − ●) ÷ ●

④ $15 ◇ 9 = \underline{15 × (15 − 9) ÷ 9}$
$= \underline{10}$

① $20 △ 5 = \underline{20 × 5 + 20 ÷ 5}$
$= \underline{104}$

③ $12 ▽ 4 = \underline{12 × 4 ÷ (12 + 4)}$
$= \underline{3}$

⑤ $12 ◇ 8 = \underline{12 × (12 − 8) ÷ 8}$
$= \underline{6}$

694 숫자 카드 목표수

● 숫자 카드를 모두 한 번씩 사용하여 식을 완성하시오.

① 4 5 2 3

$$2 \times 5 - (3 + 4) = 3$$

② 1 2 5 4

$$4 + 5 - 1 \times 2 = 7$$

③ 2 3 6 4

$$2 \times 4 - 6 \div 3 = 6$$

④ 5 8 7 2

$$5 + 7 - 8 \div 2 = 8$$

⑤ 2 3 6 7

$$(6 \times 3) \div 2 - 7 = 2$$

⑥ 3 4 5 8

$$(8 \div 4) \times 3 + 5 = 11$$

월 일

● 숫자 카드를 모두 한 번씩 사용하여 계산 결과가 ▬ 안의 수가 되는 혼합 계산 식을 만드시오. (사칙 연산을 중복해서 사용해도 되고 ( )를 사용해도 됩니다. 여러 가지 방법이 있습니다.)

② 3 7 2 1 ☐ 5

$$(3 + 7) \div 2 \times 1 = 5$$

④ 7 2 6 4 ☐ 4

$$7 \times 2 - (6 + 4) = 4$$
$$6 \div (7 - 4) + 2 = 4$$

① 8 3 7 6 ☐ 1

$$6 - (8 + 7) \div 3 = 1$$
$$7 + 6 \div 3 - 8 = 1$$

③ 8 2 4 5 ☐ 10

$$(8 - 4) \div 2 \times 5 = 10$$
$$8 \div 2 \times (5 - 4) = 10$$

⑤ 2 3 5 9 ☐ 8

$$5 \times 3 - 9 + 2 = 8$$
$$9 - 5 \div (2 + 3) = 8$$

⑦ 3 4 6 2 ☐ 7

$$3 + 6 - 4 \div 2 = 7$$

60

⑥ 695 네모 안의 수

□ 안에 알맞은 수에 ○표 하시오.

$58-(9\times\boxed{}+5)=8$

   4   ⑤   6

$58-(9\times\boxed{5}+5)=8$

❷ $24\div\boxed{}+8-1=13$

   3   ④   6   8

❶ $18-(12\div\boxed{}+2)=10$

   ②   3   4

$18-(12\div\boxed{2}+2)=10$

❸ $7\times3-72\div\boxed{}=13$

   4   6   8   ⑨

❹ $16+\boxed{}\times3-13=18$

   ⑤   6   7   8

❺ $2+(15-\boxed{})\times3=20$

   6   7   8   ⑨

❻ $9+\boxed{}-56\div8=10$

   6   7   ⑧   9

❼ $9+16\div2-\boxed{}=15$

   ②   3   4   5

풀 이

□ 안에 알맞은 수를 써넣으시오.

❶ $6\times6\div(\boxed{6}+3)=4$

❷ $\boxed{5}\times5-(18+3)=4$

❸ $60-10\times\boxed{8}\div4=40$

❹ $6\times\boxed{3}-16\div4=14$

❺ $45\div(3+\boxed{2})\times3=27$

❻ $24\div(6+\boxed{2})\times7=21$

❼ $24-(3\times\boxed{6})+7=13$

❽ $8\times3+64\div\boxed{8}=32$

❾ $(15-\boxed{7})\times2+3=19$

❿ $49-\boxed{25}\div5\times6=19$

⓫ $(21-\boxed{7})\times2\div7=4$

⓬ $(\boxed{67}-27)\div8\times12=60$

⓭ $25+\boxed{3}\times(15-9)=43$

696 하나의 식

● 밑줄 친 수와 연산 기호를 사용하여 하나의 식으로 나타내고 답을 구하시오.

여러 개의 계산을 하나의 식으로 나타낼 때, 먼저 해야 하는 계산이 덧셈, 뺄셈인 경우 ( )로 묶어 나타내야 합니다.

연필 한 타에 연필이 12자루 들어 있습니다. 연필 4타를 8명에게 똑같이 나누어 주려고 합니다. 한 사람이 갖는 연필은 몇 자루입니까?

하나의 식 : $12 \times 4 \div 8 = 6$(자루)

답 : 6 자루

① 서울에서 부산까지의 거리는 416km입니다. 한 시간에 80km를 가는 자동차로 서울에서 출발하여 부산까지 가려고 합니다. 4시간을 갔다면 남은 거리는 몇 km입니까?

하나의 식 : $416 - 80 \times 4 = 96$(km)

답 : 96 km

② 승호네 반은 남학생이 17명, 여학생이 19명입니다. 이 중에서 안경을 끼지 않은 학생이 23명이면 안경을 낀 학생은 몇 명입니까?

하나의 식 : $17 + 19 - 23 = 13$(명)

답 : 13 명

③ 한 송이에 200원 하는 장미를 24송이 사고 5000원을 냈습니다. 거스름돈으로 얼마를 받아야 합니까?

하나의 식 : $5000 - 200 \times 24 = 200$(원)

답 : 200 원

● 문제에 나오는 수를 모두 한 번씩 사용하여 하나의 식을 만들고 답을 구하시오.

사과가 40개 있습니다. 여학생 4명과 남학생 3명으로 이루어진 모둠에 한 사람당 5개씩 사과를 주었습니다. 남은 사과는 몇 개입니까?

하나의 식 : $40 - (4 + 3) \times 5 = 5$(개)

답 : 5 개

① 사탕이 6개씩 5묶음 있습니다. 친구 3명에게 4개씩 똑같이 나누어 주었다면, 남은 사탕은 몇 개입니까?

하나의 식 : $6 \times 5 - 3 \times 4 = 18$(개)

답 : 18 개

② 민성이는 7일 동안 2일을 빼고 매일 30번씩 줄넘기를 하였고 준승이는 7일 동안 하루 매일 20번씩 줄넘기를 하였습니다. 민성이는 줄넘기를 얼마나 더 많이 하였습니까?

하나의 식 : $(7 - 2) \times 30 - 7 \times 20 = 10$(번)

답 : 10 번

③ 자동차 40대를 주차할 수 있는 주차장에 자동차가 8대씩 3줄로 주차되어 있습니다. 이 중 7대가 빠져나갔다면 주차장에는 모두 몇 대의 자동차를 더 주차할 수 있습니까?

하나의 식 : $40 - (8 \times 3 - 7) = 23$(대)

답 : 23 대

6 주차

잘 공부했는지 알아봅시다

월 일

1 다음과 같이 약속할 때 18♥6의 식과 답을 구하시오.

$$15 ♥ 3 = 15 × 3 + 15 ÷ 3$$

식: $18 × 6 + 18 ÷ 6 = 111$ 답: 111

2 숫자 카드를 모두 한 번씩 사용하여 계산 결과가 7이 되는 혼합 계산식을 만드시오. 여러 가지 방법이 있습니다. (사칙 연산을 중복해서 사용해도 되고 ( )를 사용해도 됩니다.) $6 + (3 + 2) ÷ 5 = 7$

3	2	5	6

$3 × 5 - (6 + 2) = 7$
$3 × 2 + (6 - 5) = 7$
$5 × 3 - (6 + 2) = 7$

3 □ 안에 알맞은 수를 써넣으시오.

❶ $12 - (8 × \boxed{3} + 4) ÷ 7 = 8$

$(8 × \boxed{□} + 4) = ▲$ 라고 할 때,
$12 - ▲ ÷ 7 = 8$ 이므로,
$▲ ÷ 7 = 4, ▲ = 28$ 입니다.
$8 × \boxed{□} + 4 = 28$ 이므로, $8 × \boxed{□} = 24,$
$\boxed{□} = 3$ 입니다.

❷ $\boxed{7} × 2 - (13 + 12) ÷ 5 = 9$

$\boxed{□} × 2 - (13 + 12) ÷ 5$
$= \boxed{□} × 2 - 5 = 90$ 이므로,
$\boxed{□} × 2 = 14, \boxed{□} = 7$ 입니다.

66

697 자동차 번호판

● 자동차 번호판이 네 숫자와 연산 기호를 사용하여 계산 결과가 10이 되는 여러 가지 혼합 계산식을 만든 것입니다. 주어진 방법과 다르게 10을 만드시오. 여러 가지 방법이 있습니다.

1 2 4 3
$2 \times 3 + 4 \times 1 = 10$
$4 \times 3 - 2 \times 1 = 10$

① **3 2 4 2**
$42 - 32 = 10$
$32 \div 4 + 2 = 10$
$24 \div 3 + 2$

② **2 5 2 5**
$25 \div 5 \times 2 = 10$
$(5+5) \times 2 \div 2 = 10$
$5 + 5 + 2 - 2$

③ **1 2 4 7**
$12 \div 4 + 7 = 10$
$7 + 4 \div 2 + 1 = 10$

④ **1 2 5 2**
$5 \times 2 \times (2-1) = 10$
$5 + 2 + 2 + 1 = 10$

⑤ **2 2 3 6**
$3 + 6 + 2 \div 2 = 10$
$2 \times 3 + 6 - 2 = 10$

● 자동차 번호판이 네 숫자와 연산 기호를 이용하여 10을 만드시오. (연산을 중복해서 사용해도 되고 ( )를 사용해도 됩니다. 여러 가지 방법이 있습니다.)

7 8 2 4
$24 \div 8 + 7 = 10$
$(7-2) \times (8 \div 4) = 10$

① **6 3 3 5**
$6 + 5 - (3 \div 3) = 10$
$3 \times 3 + 6 - 5 = 10$
$6 \times 3 - (3+5)$

② **2 9 0 8**
$2 + 8 + 9 \times 0 = 10$
$2 \times 9 - 8 + 0 = 10$

③ **3 8 2 1**
$3 + 8 - 2 + 1 = 10$
$(8-3) \times 2 \times 1 = 10$

④ **6 4 2 8**
$2 + 48 \div 6 = 10$
$8 \div 4 + 2 + 6 = 10$

⑤ **5 4 1 7**
$14 \div 7 \times 5 = 10$
$(4+1) \times (7-5) = 10$
$5 \times (7-4-1)$

7 주차

전화번호 698

전화 번호 끝 자리 네 숫자와 연산 기호를 사용하여 여러 가지 혼합 계산식을 만드는 것입니다. 계산 결과를 써넣으시오.

☐☐☐-☐☐☐☐-2983　　☐☐☐-☐☐☐☐-2736

① $(9 - 8) \times (3 - 2) = 1$

② $(9 - 8) + (3 - 2) = 2$

③ $8 - (2 + 9 \div 3) = 3$

④ $(3 + 2) - (9 - 8) = 4$

⑤ $2 + 3 \times (9 - 8) = 5$

⑥ $3 \times 8 - 2 \times 9 = 6$

⑦ $2 \times 9 - 3 - 8 = 7$

⑧ $8 \times (9 \div 3 - 2) = 8$

⑯ $(9 \div 3) + (8 - 2) = 9$

① $(2 + 7) \div (3 + 6) = 1$

③ $(7 - 6) + (3 - 2) = 2$

⑤ $7 - 6 \div 3 - 2 = 3$

⑦ $6 \times 3 - 7 \times 2 = 4$

⑨ $(2 + 3) \div (7 - 6) = 5$

⑪ $2 + 7 + 3 - 6 = 6$

⑬ $2 + 7 - 6 \div 3 = 7$

⑮ $6 \times 2 - 7 + 3 = 8$

⑰ $3 \times 6 - (2 + 7) = 9$

월　　일

전화 번호 끝 자리 네 숫자와 연산 기호를 사용하여 계산 결과가 1에서 9까지의 수가 되는 혼합 계산식을 만드시오. (연산을 중복해서 사용해도 되고 ( )를 사용해도 됩니다. 여러 가지 방법이 있습니다.)

☐☐☐-☐☐☐☐-1224　　☐☐☐-☐☐☐☐-5132

$4 \div 2 - 2 + 1 = 1$

② $4 \div 2 \times (2 - 1) = 2$
$(2 + 2) \div 4 + 1$

④ $4 \div 2 + (2 - 1) = 3$
$(4 \times 1 + 2) \div 2$

⑥ $2 \times 1 + 4 \div 2 = 4$
$4 \div 1 + 2 - 2$

⑧ $12 \div 4 + 2 = 5$
$4 \div 2 + 2 + 1$

⑩ $(1 + 2) \times 4 \div 2 = 6$
$12 \div 4 \times 2$

⑫ $4 + 2 \div 2 - 1 = 7$
$1 + 2 \times 4 - 2$

⑭ $2 + 2 \div 1 + 4 = 8$
$24 \div (2 + 1)$

⑯ $14 \div 2 + 2 = 9$
$4 \div 2 \times 2 + 1$

① $2 \times 3 - 5 \times 1 = 1$
$(3 + 2) \div 5 \times 1$

③ $21 \div 3 - 5 = 2$
$3 \times 2 - 5 + 1$

⑤ $(5 \times 2 - 1) \div 3 = 3$
$5 \times 3 - 12$

⑦ $(2 + 1) \times 3 - 5 = 4$
$5 + 2 - (3 \times 1)$

⑨ $(2 + 1) \div 3 \times 5 = 5$
$5 \times 1 \div (3 - 2)$

⑪ $5 + (2 + 1) \div 3 = 6$
$5 \times 2 - (1 + 3)$

⑬ $15 \div 3 + 2 = 7$
$5 \times 2 - 3 \times 1$

⑮ $(5 + 3) \div (2 - 1) = 8$
$23 - 15$

⑰ $5 + 12 \div 3 = 9$
$3 \times 1 \times (5 - 2)$

표표즈

699

● 4개의 3과 연산 기호를 사용하여 여러 가지 방법으로 계산하였습니다. □ 안에 알맞은 수를 써넣으시오.

$(3 \div 3) \times (3 \div 3) = \boxed{1}$

② $(3 \div 3) + (3 \div 3) = \boxed{2}$

③ $(3 \times 3) \div (3 \times 3) = \boxed{1}$

④ $(3 + 3 + 3) \div 3 = \boxed{3}$

⑤ $(3 \times 3 - 3) \div 3 = \boxed{2}$

⑥ $(3 \times 3 + 3) \div 3 = \boxed{4}$

⑦ $3 \times (3 - 3) + 3 = \boxed{3}$

⑧ $(3 + 3) \div 3 + 3 = \boxed{5}$

⑨ $(3 + 3) - 3 \div 3 = \boxed{5}$

⑩ $(3 + 3) + (3 - 3) = \boxed{6}$

⑪ $(3 + 3) \times (3 \div 3) = \boxed{6}$

⑫ $(3 \times 3) - (3 \div 3) = \boxed{8}$

⑬ $(3 + 3) + (3 \div 3) = \boxed{7}$

⑮ $3 \times 3 + 3 - 3 = \boxed{9}$

72

7 주차

● 4개의 4와 4의 연산 기호를 사용하여 1에서 9까지의 수를 만들려고 합니다. ○ 안에 알맞은 연산을 써넣어 다음 수를 완성하시오. (연산을 중복해서 사용해도 되고 ( )를 사용해도 됩니다. 여러 가지 방법이 있습니다.)

$4 \,(\div)\, 4 \,(\times)\, 4 \,(\div)\, 4 = 1$

① $4 \,(\div)\, 4 \,(+)\, 4 \,(\div)\, 4 = 2$

② $(4 \,(\times)\, 4 \,(-)\, 4) \,(\div)\, 4 = 3$

③ $4 \,(\times)\, (4 \,(-)\, 4) \,(+)\, 4 = 4$

④ $(4 \,(\times)\, 4 \,(+)\, 4) \,(\div)\, 4 = 5$

⑤ $(4 \,(+)\, 4) \,(\div)\, 4 \,(+)\, 4 = 6$

⑥ $4 \,(+)\, 4 \,(-)\, 4 \,(\div)\, 4 = 7$

⑦ $4 \,(+)\, 4 \,(+)\, 4 \,(-)\, 4 = 8$

⑧ $4 \,(+)\, 4 \,(+)\, 4 \,(\div)\, 4 = 9$

7 주차

700 포인츠

● 4개의 6과 연산 기호를 이용하여 여러 가지 방법으로 혼합 계산식을 만든 것입니다. 계산 결과를 구하시오.

$(6+6-6) \div 6 = \boxed{1}$

① $66 \div 66 = \boxed{1}$

② $(6 \div 6)+(6 \div 6)= \boxed{2}$

③ $(6+6+6) \div 6 = \boxed{3}$

④ $6-(6+6) \div 6 = \boxed{4}$

⑤ $(6 \times 6-6) \div 6 = \boxed{5}$

⑥ $66 \div 6-6 = \boxed{5}$

⑦ $6+(6-6) \times 6 = \boxed{6}$

⑧ $(6 \times 6+6) \div 6 = \boxed{7}$

⑨ $(6+6) \div 6+6 = \boxed{8}$

⑩ $(66-6) \div 6 = \boxed{10}$

⑪ $6+6-6 \div 6 = \boxed{11}$

⑫ $(6 \times 6) \div 6+6 = \boxed{12}$

⑬ $6+6 \times(6 \div 6)= \boxed{12}$

● 4개의 9와 연산 기호를 사용하여 계산 결과에 맞는 여러 가지 혼합 계산식을 만드시오. (연산을 중복해서 사용해도 되고 (   )를 사용해도 됩니다. 여러 가지 방법이 있습니다.)

$(9 \div 9) \times(9 \div 9) \;\; = 1$

① $(9 \div 9)+(9 \div 9) \;\; = 2$

② $(9+9+9) \div 9 \;\; = 3$

③ $9-(9+9) \div 9 \;\; = 7$

④ $(9 \times 9-9) \div 9 \;\; = 8$

⑤ $9+(9-9) \times 9 \;\; = 9$

⑥ $(9 \times 9+9) \div 9 \;\; = 10$

⑦ $(9+9) \div 9+9 \;\; = 11$

⑧ $(99+9) \div 9 \;\; = 12$

잘 공부했는지 알아봅시다

1 보기와 같이 같은 숫자를 4번 사용하여 계산 결과가 3이 되는 혼합 계산식을 만드시오. 여러 가지 방법이 있습니다.

$$(4+4+4) \div 4 = 3$$

❶ $(7+7+7) \div 7 \ = 3$

❷ $(9+9+9) \div 9 \ = 3$

2 수 사이에 알맞은 연산을 써넣어 계산 결과가 1에서 7까지의 수가 되는 혼합 계산식을 완성하시오. (연산을 중복해서 사용해도 ( )를 사용해도 됩니다. 여러 가지 방법이 있습니다.)

$3 \div (2+1) \ = 1$	$3-(2-1) \ = 2$
$3 \times (2-1) \ = 3$	$3+2-1 \ = 4$
$3+2 \times 1 \ = 5$	$3 \times 2 \times 1 \ = 6$
$3 \times 2+1 \ = 7$	

3 ○ 안에 알맞은 연산을 써넣어 혼합 계산식을 완성하시오. (연산을 중복해도 됩니다. 여러 가지 방법이 있습니다.)

$(3 \ \times \ 3 \ \times \ 3 \ + \ 3) \ \div \ 3 \ = 10$

$3 \times 3 \times 3 + 3 \div 3 = 10$

⑧ 주차

701 계산 순서

● □ 안에 알맞은 수를 써넣으시오.

$\{2+(12-3)\times4\}\div2 = 19$

9　36　38　19

❶ $3\times\{(36-12)\div4+7\} = 39$

24　6　13　39

❷ $36\div\{2\times(9-3)\}+11 = 14$

6　12　3　14

식에 쓰이는 괄호에는 소괄호 ( )와 중괄호 { }가 있습니다. ( )가 있는 식은 ( )안을 먼저 계산한 후 { }안을 계산합니다.

● 계산 순서에 맞게 화살표에 번호를 쓰고 계산을 하시오.

$60\div\{5+(7-2)\times5\}+8 = 10$

④　③　①　②　⑤

❶ $7\times5-\{3+((15-5)\div2\} = 27$

④　③　⑤　⑥　①　②

❷ $(21-5)\div8\times\{13-(2+5)+3\} = 18$

④　⑤　⑥　②　①　③

❸ $6+45\div\{3+(8-5)\times2\}-2 = 9$

⑤　④　③　①　②　⑥

❹ $\{7-(8-2)\}\times4\div(7-5)+6 = 8$

②　①　④　⑤　③　⑥

702 대소 비교

● 계산을 하고 결과를 비교하여 ○ 안에 >, =, <를 알맞게 써넣으시오.

$$30-\{8\times(4-1)+3\} \;<\; 3+\{(15-8)\div7\times3\}$$

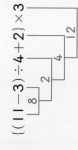

① $32-\{8\times(6-4)+2\} \;=\; 14+\{(41-5)\div4-9\}$

② $15+\{(5-3)\times3\}+4 \;>\; 4\times\{(25-19)\div3\}+10$

③ $95-\{32+(42-7)\div5\} \;>\; 41-36\div\{(7+8)-(6+6)\}$

월 일

● 계산 순서를 나타내고 결과를 비교하여 ○ 안에 >, =, <를 알맞게 써넣으시오.

$$23-\{7\times(4+2)\div3\} \;<\; \{(11-3)\div4+2\}\times3$$

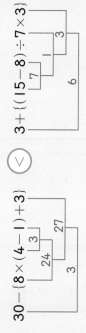

① $\{15-(14-5)\}\times2 \;>\; 36\div\{12-(9-3)\}$

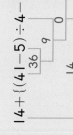

② $20-\{8\times(4-2)\}+3 \;<\; 9+\{(22-15)\div7\times5\}$

③ $35-\{8\times(5-3)\times2\} \;<\; \{10-16\div(6-2)\}\times3$

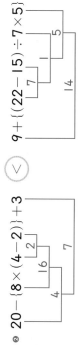

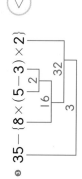

⑧ 주차

703 괄호 넣기

● 소괄호 ( )와 중괄호 { }를 여러 가지 방법으로 넣었습니다. 계산하여 □ 안에 알맞은 수를 써넣으시오.

$60 - 36 \div 3 \times 2 + 1 = \boxed{37}$

$60 - 36 \div 3 \times (2 + 1) = \boxed{24}$

$60 - 36 \div \{3 \times (2 + 1)\} = \boxed{56}$

①
$3 \times 8 + 4 \div 2 - 5 = \boxed{21}$

$3 \times (8 + 4) \div 2 - 5 = \boxed{13}$

$3 \times \{(8 + 4) \div 2 - 5\} = \boxed{3}$

②
$9 + 21 - 14 \div 7 \times 3 = \boxed{24}$

$9 + (21 - 14) \div 7 \times 3 = \boxed{12}$

$\{9 + (21 - 14) \div 7\} \times 3 = \boxed{30}$

③
$90 - 30 \times 2 - 22 + 26 \div 2 = \boxed{21}$

$90 - 30 \times 2 - (22 + 26) \div 2 = \boxed{6}$

$90 - \{30 \times 2 - (22 + 26) \div 2\} = \boxed{54}$

✚ 계산 결과에 맞게 ( )를 한 번 넣으시오.

$29 - (5 + 2) \times 4 = 1$

② $15 + (18 - 8) \div 2 = 20$

② $15 - (2 + 7) = 6$

③ $3 \times 7 - (2 + 3) = 16$

④ $(4 + 8) \div 2 = 6$

⑤ $(3 + 2) \times 8 - 5 = 35$

✚ 계산 결과에 맞게 { }를 한 번 넣으시오.

$\{1 + (14 - 5) \times 3\} \div 7 = 4$

⑥ $25 - \{(2 + 3) \times 4 - 2\} = 7$

⑦ $8 \times \{24 \div (3 + 1) - 2\} = 32$

⑧ $2 \times \{15 - (5 - 3)\} + 4 = 30$

704 가장 크게 가장 작게

● 계산을 하고 계산 결과가 가장 큰 식에 ○표 하시오.

$64 \div (8 \div 4) \div 2 = \boxed{16}$

$64 \div 8 \div (4 \div 2) = \boxed{4}$

$\boxed{64 \div (8 \div 4 \div 2) = \boxed{64}}$ ○

①
$32 - (16 - 8) - 4 = \boxed{20}$

$32 - 16 - (8 - 4) = \boxed{12}$

$\boxed{32 - (16 - 8 - 4) = \boxed{28}}$ ○

②
$6 + 3 \times 4 - 3 = \boxed{15}$

$\boxed{(6 + 3) \times 4 - 3 = \boxed{33}}$ ○

$6 + 3 \times (4 - 3) = \boxed{9}$

③
$18 + 12 - 5 \times 2 = \boxed{20}$

$18 + (12 - 5) \times 2 = \boxed{32}$

$\boxed{(18 + 12 - 5) \times 2 = \boxed{50}}$ ○

84

❖ 계산 결과가 가장 큰 값이 나오도록 ( )를 한 번 넣고 계산하시오.

$27 + (9 \div 3) + 6 = \boxed{36}$

① $35 - (12 - 6 - 4) = \boxed{33}$

② $34 \div (4 \div 2) + 2 = \boxed{19}$

③ $(24 + 12 - 3) \times 2 = \boxed{66}$

❖ 계산 결과가 가장 작은 값이 나오도록 ( )를 한 번 넣고 계산하시오.

$32 \div (8 \times 2) - 1 = \boxed{1}$

④ $7 + 5 \times (3 - 2) = \boxed{12}$

⑤ $7 \times (7 + 3 - 5) = \boxed{35}$

⑥ $35 - (13 + 7) - 4 = \boxed{11}$

P. 86

8주차

잘 공부했는지 알아봅시다

1 계산 순서에 맞게 기호를 쓰시오. ㉢, ㉣, ㉡, ㉠

$$80 \div \{25 - (12 + 3) \times 2\}$$

( )와 { }가 있는 식은 ( )인을
먼저 계산한 후 { }인을 계산합니다.

2 □ 안에 알맞은 수를 써넣으시오. 42

$$72 \div \{29 + (\boxed{} + 7) \div 7\} = 2$$

3 다음 중 ( )를 빼도 계산 결과가 같은 것을 모두 고르시오. ㉢, ㉤

㉠ 30−(15−12)=27
　30− 15−12 ＝3

㉡ 108÷(18÷6)=36
　108÷ 18÷6 ＝1

㉢ 24+(15+6)−4=41
　24+ 15+6 −4=41

㉣ 6×(15−4)−7=59
　6× 15−4 −7=79

㉤ 5×(7×3)+2=107
　5× 7×3 +2=107

다음 중 ( )를 빼도 계산 결과가 같은 것을 모두 고르시오. ㉢, ㉤

㉠ 30−(15−12)
㉡ 108÷(18÷6)
㉢ 24+(15+6)−4
㉣ 6×(15−4)−7
㉤ 5×(7×3)+2

86

수학 개념이 쉽고 빠르게 소화되는
월등한 개념 수학

월등한 개념 수학 모델
이유진

www.nebooks.co.kr ▼

배운 개념을 끊임없이 되짚어주니까
새로운 개념도 쉽게 이해됩니다

수학 개념이 쉽고 빠르게 소화되는 특별한 학습법

· 배운 개념과 배울 개념을 연결하여 소화가 쉬워지는 학습
· 문제의 핵심 용어를 짚어주어 소화가 빨라지는 학습
· 개념북에서 익히고 워크북에서 1:1로 확인하여 완벽하게 소화하는 학습

NE 능률